KB261479

10분 해탈

용타 스님의 생활 수행 이야기

10분 해탈

용타 스님의 생활 수행 이야기

불광출판사

| 2장 |　마음의 · 뜰 · 조경하기

■■■ 차례

| 3장 | 깨달음의 · 불씨를 · 얻다

인생이란 대체로 인력(引力)과 척력(斥力)의 교호과정입니다. 좋은 것은 끌어당기고(引) 싫은 것은 밀어냅니다(斥). 끌어당김도 밀어냄도 긴장입니다. 인력이나 척력이 미성숙선을 넘어설 때 탐(貪)이니, 진(瞋)이니 합니다. 탐진(貪瞋)의 밑에는 필히 현명치 못한 인식(認識)이 도사리고 있습니다. 어리석음, 치(癡)입니다.

탐진(貪瞋)과 치(癡)를 합하여 세 가지 독(三毒)이라 합니다. 미성숙한 사람은 이르는 곳마다 탐진치(貪瞋癡) 삼독(三毒) 때문에 고통과 싸움을 피하기 어렵습니다. 명상이란 탐진치 삼독을 정화하는 도구입니다.

그런데 다행한 것은 아무리 삼독에 젖어 있는 삶을 산다고 해도 본마음 자체는 삼독에서 벗어나 있습니다. 명상이란, 또한 이 본래청정인 본마음이 묻혀 있지 않고 드러나도록 하는 도구입니다. 마치, 탐진치(貪瞋癡) 삼독(三毒)은 태양이나 맑은 하늘을 가리고 있는 구름과 같고, 본마음은 구름의 유무(有無)와는 상관없이 빛나는, 구름 저쪽의 태양이나 허공과 같습니다.

어떻게 태양이, 허공이 드러나게 할 것인가?

어떻게 구름을 증발시킬 것인가?

그 길이 명상입니다.

만 3년간 월간 「불광(佛光)」에 탐진치(貪瞋癡) 삼독(三毒)을 증발시키고, 본래청정(本來淸淨)한 자성(自性)을 현전(現前)케 하는 명상의 길을 얕은 글재주를 가지고 요모조모로 다루어 보았습니다.

불광출판사 편집실에서 이 글들을 한 권의 책으로 엮어낸다고 하니 반갑고 감사합니다. 3년간 이 글이 세상으로 나오게 해 주신 월간 「불광」의 여러 직원들, 그리고 나의 글과 호흡을 함께 해 주신 월간 「불광」 독자들에게 다시 한 번 깊은 감사의 마음 올립니다. 특히 이 글을 정성스럽게 윤문해 주신 대화 스님에게 심심한 감사의 마음 올립니다.

들자하니 글이 일반 독자들에게 다소 어렵기 때문에 풀어쓰기를 해야 하지 않을까 하고 고심들을 했다고 합니다. 물론 필자가 독자를 향한 정성과 배려를 해야겠지만, 명상적인 글일 때에는 독자가 글을 향한 노력과 정성이 요청된다고 볼 때, 풀어씀으로 해서 도리어 독자를 해칠 수도 있다고 보아 풀어쓰기를 하지 않기로 마음을 굳혔습니다.

부디 이 명상록을 통하여 인연 있는 선남선녀가 태양을 노래하고 구름을 정화하였으면 합니다. 감사합니다.

2008년 5월 천령산 아래서
용타 합장

행복 · 특공대

행복을 원하는 것이 인생일 터, 지금 바로 활불로서 행복하십시다.
행복은 기다려야 할 어떤 무엇이 아니고 지금 바로 선택하며 누려야 할 권리입니다.
활불인 당신은 지금 바로 행복해야 합니다. 혹여 지금 바로 행복할 일을 억지라고 생각하지는 않는지요?

생활이 곧 수행(生活卽修行)

석가모니 부처님께서 내놓으신 수행 방법인 8정도를 가만히 살펴보면
삶의 모든 영역이 수행임을 알 수 있습니다.

'생활 속의 불교수행' 이라는 주제로 여러분들과 교류하게 됨을 진정 기쁘게 여깁니다. 25여 년 동안, 석존불교 내지 선불교를 초종교적인 생활수행 프로그램으로 정립하여 생활수행을 안내해 온 것이 여러분과의 인연으로 이어진 것 같습니다.

먼저 생활수행을 개관해 보는 것으로 주제를 삼을까 합니다. 여행자가 필수적으로 수지해야 하는 것이 지도이듯이 생활수행에도 수행 지도를 갖추는 것이 좋습니다. 생활수행은 일상수행(日常修行)과 별시수행(別時修行)으로 나눌 수 있습니다. 일상수(日常修)와 별시수(別時修) 혹은 일상선(日常禪)과 별시선(別時禪)으로 표현해도 좋습니다. 공부인은 튼튼한 발심(發心)의 토대 위에 하루하루 생활을 일상

수 혹은 별시수로 잘 운영하는 것입니다.

일상수는 어묵동정행주좌와(語默動靜行住坐臥)의 모든 삶의 과정이 바로 수행이 되게 하는 것이요, 별시수는 특별하게 공부계획을 세워서 하는 것입니다. 생활 속의 불교수행이라 주제를 내걸 때는 별시수만을 수행인 것처럼 여기는 공부 풍토에서 생활 자체가 그대로 수행이게 하자는 인식 전환을 주고 싶은 의도가 있을 것입니다. 별시수를 말자는 것이 아니고 별시수를 잘 활용하면서 일상수가 되도록 하자는 것입니다.

한국 수행불교 역사를 문화적으로 관찰해 볼 때, '수행'이라고 하면 스님들이 하안거(夏安居)나 동안거(冬安居)를 통하여 선방에 앉아 매일 8시간 내지 15시간 동안 좌선하는 것으로 생각되어져 왔습니다.

그래서 재가자들도 수행을 하기 위해서는 하루 시간 중 생활과는 별도의 시간을 내어 조석으로 조금씩 좌선을 하고, 여건이 허락된다면 산사에 있는 재가자(在家者) 선방에 들어가서 며칠 정도라도 좌선을 하는 것이라야 제대로의 수행인 것처럼 여겨져 왔습니다. 생활수행이라고 말은 하면서도 생활은 별도로 있고 참선하는 시간이나 기도하는 시간을 별도로 할애해야 생활수행이 되는 것처럼 여겨지는 실정이었지요. 물론 그러한 정진이 수행의 하나이기는 하지만 그것만이 제대로 된 수행이라고 여기는 신념 체계는 잘 못입니다. 석가모니 부처님께서 내놓으신 수행방법인 8정도를 가 만히 살펴보면 삶의 모든 영역이 수행임을 알 수 있습니다.

생활(삶)이란 사언행(思言行), 곧 신구의(身口意) 삼업(三業)의 과정 입니다. 그러므로 사언행의 삼업을 바로 하는 것이 일단 수행이라 여기면 적중한 생각입니다. 그 '바름'에는 바름의 기준이 있어야 할 터, 바른 가치관 곧 정견(正見)이 그것입니다. 생활이 수행이려면 순간순간 사언행의 모든 삶의 과정이 정견의 원칙에 부합될수록 좋습니다. 정견은 팔만사천 세행의 기준이 되므로 사실상 제일 중 요한 덕목입니다. 그래서 8정도를 설함에 당하여서는 정견을 도 체(道體: 도의 몸)라 하고 다른 일곱 가지 정도(正道)를 도지(道支: 도의 가지) 라고 하는 것입니다.

정견을 기준으로 사고(思考)에 있어 정사유(正思惟)가 되도록 하 고, 언어에 있어 정어(正語)가 되게 하며, 행동에 있어 정업(正業)이 되게 하는 것입니다. 8정도의 '정견-정사유-정어-정업'이 사실상 수행의 기초이며 그 뜻을 넓혀 해석한다면 수행의 전부라고 해도 될 것입니다. 37조도품의 모든 수행법은 8정도의 '정견-정사유- 정어-정업'이 그 모태가 되고, 이 모태에서 다 파생되어 나왔다고 보면 됩니다.

그래서 수행이란 바른 가치관을 바탕으로 사언행을 바로 하는 것이라 갈파하면 아주 적절합니다. 수행이란 탐진치(貪瞋癡)가 사라지게 하여 대해탈(大解脫)과 대자비(大慈悲)와 대자재(大自在)를 갖춘 부처가 되도록 삼학-8정도-육바라밀 등의 작업을 하는 과정입니다. 이는 불교에 입문하여 신행생활을 조금 하다보면 상식처럼 아는 사실입니다. 앞으로 일렀듯이 생활 속의 수행이란 생활을 하면서 틈틈이 수행을 한다는 뜻이 아니고 생활 그대로가 수행이게 한다는 뜻이니, '생활 즉 수행(生活卽修行)'이요 '수행 즉 생활(修行卽生活)'을 의미하는 것이지요.

　아공·법공(我空 法空)을 말하면서 주와 객에 그지없이 집착하고, 이대로 부처라 하면서 사람 대하기를 쉽게 하고, 한 생각 돌리면 될 자리에 집요하게 매달리며, 정구업진언(淨口業眞言)을 무수히 염하면서 이간질이며 악구(惡口) 등을 막지 못하며, 불살생을 말하되 생명에의 존중감이 적고, 해인삼매나 화엄삼매를 말하면서 마음은 산란하여 천 갈래 만 갈래라면, 생활이 그대로 수행이게 하자는 것에 어긋나는 일입니다. 진정 부끄러움 없는 생활 속의 수행이 되도록 스스로의 사언행을 엄정하게 살피고 자동화되어 있는 미성숙한 신구의 삼업의 수레바퀴에 각근한 제어장치를 설치해야 합니다.

　별시선 역시 소홀히 해서는 안 됩니다. 일계획, 주계획, 월계획, 연계획 등으로 별시수의 계획을 잡아두고 실참실수(實參實修)하는 것이 좋습니다. 매일 좌선, 행선 혹은 절하기, 경전 독송 등을 몇 분 혹은 몇 시간을 형편에 맞추어 실천하고, 주말이나 혹은 월 몇 회 철야 참선 정진이나 기도 등을 하는 것도 좋고, 연계획으로 는 재가자 동안거나 하안거 혹은 산사 수련회에 동참하는 것 등 스스로의 편의에 맞추어 별시선과 일상선이 조화를 잘 이루도록 해야 할 것입니다.

일상수행으로는 정견을 바탕으로 사언행을 바로 함, 별시선 으로는 일간-주간-월간-연간 단위로 공부계획을 정하여 실참실 수하는 정도로 생활 수행의 지도를 제시해 보았습니다. 이러한 생 활수행 맵(map)에 준하여 우리의 생활수행 어떻게 할 것인가를 엮 어가 볼 것입니다.

활불(活佛) 선언

부처님은 어디에 계신가?
보고 듣고 말하는 나요, 너이며 나아가서 존재하는 모든 것입니다.

앞에서 일렀듯이 정견(正見)이 모든 바라밀의 초석입니다. 견해! 그것이 정견일 때에는 선약(仙藥)이 되지만 사견(邪見)일 때에는 독약이 됩니다. 무엇에 대한 견해일까요? 세상에 존재하는 유형 무형의 모든 것에 대한 견해입니다. 세상 모든 것 중에서 가장 우선적인 것은 무엇일까요? 자기 자신입니다. 즉 평생 '나! 나!' 하는 나 자신입니다. 그 '나'란 무엇일까요?

지금 이 글을 읽고 계시는 분께서는 '나'에 대한 어떤 견해를 가지고 계신가요? '나는 ~이다'라고 할 때 ~에 들어가는 서술어는 무엇입니까? 다양한 정견이 필요하지만 '나'에 대한 정견이 최우선적으로 중요한 것입니다.

놀랍게도 세상사람 전반이 자아에 대한 견해는 부정적인 것 같습니다. 부정적이고 열등의식이 스며있는 신념들로 되어 있습니다. '나는 못났다. 되는 일이 없다. 능력 없는 사람이다. 나는 불행하다. 나는 ~하다, 나는 ~하다.' 는 식입니다. 그렇지 않다고 하는 사람도 의식의 밑에는 자아에 대한 부정신념이 짙게 깔려 있을 수 있습니다.

나 는 활 불 이 다

일단 부처 선언을 해버리면 어떨까요? 즉, '나는 활불이다!'라고 선언하는 것입니다. 불조께서 깨치고 보면 부처 아님이 없다고 했으니 스스로가 부처임을 받아들이는 것입니다. "준동함령개유불성(蠢動含靈皆有佛性)이요, 즉심즉불(卽心卽佛)이요, 여즉시불(汝卽是佛)이라" 하지 않습니까? 다리의 안전 유무를 의심하지 않고 믿고 건너듯, 나를 낳는 현장을 목격하지 않았지만 나의 어머니를 의심하지 않듯, 모든 불조가 부처 아닌 것이 없다고 했으니 부처임을 믿고 부처를 선언하는 것입니다. '나는 활불이다!' 참 좋지 않습니까? 일단 활불로서 생각하고 행동하며 사는 것입니다.

어릴 때 할아버지로부터 황금산 이야기를 자주 들어온 소년이 있었습니다. 그 황금산은 백두산만큼 크고 천 리 밖까지 누런 빛을 풍기는 산이었습니다. 어느 날 소년의 어머니는 “이것은 황금이란다.” 하고 금비녀를 보여주었습니다. 소년은 “아니야, 그것은 비녀이지 황금이 아니야.” 하고 부인해 버렸고, 어느 날 이웃집 아저씨가 “이것은 황금이란다.” 하고 금수저를 보여 주었으나 역시 “아니야, 그것은 수저이지 황금이 아니야.” 하고 부인해 버렸습니다. 어릴 때 할아버지로부터 들은 황금산 이야기로 인해 소년은 주변에서 얼마든지 볼 수 있는 황금을 끝내 부인해 버린 것입니다. 안타까운 일입니다.

부호의 아들이 어렸을 때 실종되었습니다. 아이는 거지들의 손에 길러지고 거지의 아들로서 얻어먹으면서 5년이 지나고 10년이 지났습니다. 어느 날 소년은 아버지인 부호에게 발견되었습니다. 아버지는 “얘야, 너는 내 아들이란다.”라고 타이르지만 거지 소년은 “당치도 않은 소리! 나는 거지의 아들이야.”하고 일축해버립니다. 역시 딱한 일입니다.

‘황금산만이 황금’이라는 사견이 형성된 자에게 금가락지는 한 개의 반지에 불과하고, ‘나는 거지야’ 하고 사견이 형성된 자에게는 ‘나는 부자다’라는 새로운 견해가 끼어들기 어렵습니다. 세상 사람들의 마음은 불행하게도 무수한 사견들로 가득 차 있습니다.

중생은 번뇌가 덜 떨어진 부처

팔만대장경에는 삼법인, 4성제 등을 위시한 무수한 정견들이 가르침으로 펼쳐집니다. 상황에 따라 모든 정견이 다 중요하지만 이 시대를 살아가는 사람 일반에게 아주 중요한 정견 하나는 '자아(自我)'에 대한 정견입니다. 즉 바람직한 자아관 정립입니다.

우리에게 형성되어 있는 중대 사견(私見) 하나는 '나는 중생이다'라는 생각입니다. "당신은 부처입니다." 하면 '당치도 않은 소리, 나는 중생이야'라고 부정합니다. 살아오면서 '나는 중생이야' 하는 사견이 뿌리 깊게 형성되어진 자리에, 당신 그대로를 부처라고 깨우침을 주고자 하나 먹혀들지 않습니다. 안타까운 일입니다.

선사가 시자를 부르자 "예!" 하고 대답하니, 선사는 "예! 하는 그 놈이 그대로 부처다. 그 놈을 제쳐놓고 부처를 따로 찾으려 하면 천불(千佛) 출세(出世)라도 구제될 수 없다."라고 말합니다. 선사는 『수심결(修心訣)』에서 말합니다. "윤회를 면하려면 부처를 찾아야 한다. 부처란 무엇인가? 이 마음이 부처다.”라고.

부처를 멀리 찾을 일이 아닙니다. 체(體)의 관점에서 보면 온전한 부처뿐이며, 용(用)의 차원으로 보더라도 50%, 80%, 90% 부처입니다. 일부 경전에 깨달음(悟)과 닦음(修)을 100%로 완성한 경우만을 부처인 것처럼 묘사한 부분을 주로 유념한 사람은 부처가 아닌 중생 관념이 형성되었을 것입니다. 중생의 의미를 ‘번뇌가 다소 덜 떨어진 부처’로 이해해야 하는데, ‘중생’과 ‘번뇌’를 동일시해 버리는 사견이 형성된 것입니다.

존 재 하 는 모 든 것 이 부 처

불교인이 인간을 대함에 있어 ‘업장에 쌓인 자’, ‘백팔번뇌에 가리어진 자’로 관함으로써 인간을 원죄덩이로 보는 인간관과 별 차이가 없는 지경에 이른 것 같습니다. 궁여지책으로, 중생은 누구나 불성을 지닌 자라고 말은 하나 그 불성이 인간의 밑바닥에 겨우 반딧불 크기로 존재하는 것처럼 생각함으로써 실상 자기 자신은 물론 만나는 이웃을 경외의 대상으로 보지 못하는 심리상태가 되어가는 것입니다.

따라서 이 사바세계는 핵구름보다 더한 심각성으로 인간 경시의 부정적인 암시가 인간의 무의식에 뿌리를 내려가고 있습니다. 이 문제는 인류사가 안고 있는 문제 중 아주 큰 문제가 아닐 수 없습니다. 이렇게 만연되어가고 있는 인간 소외, 인간 경시의 무의식적 감염 현상을 극복하는 방법은 인간을 그대로 놓고 부처님 내지 하느님으로 볼 수 있는 관점을 개발해 내는 것입니다. 우리 불교의 교설 속에는 이 마음 이대로 부처요, 두두 물물이 부처요, 온 법계에 진리 아닌 것이 없다는 금구(金口)들이 무수히 있으니 우리는 이 말씀들을 법설(法說)로 드러내기만 하면 되니 다행이 아닐 수 없습니다.

불조(佛祖)의 말씀대로, 마음 그대로 부처라는 것을 문화적으로 드러내기만 하면 되는 것이지요. 대각을 성취한 다음에 부처선언을 하겠습니까, 아니면 불조의 말씀을 일단 믿고 아예 붓다 선언을 해버리겠습니까? 녹슨 쇠가 녹인가 쇠인가? 황금 송아지가 황금인가 송아지인가? 녹을 보고 쇠를 못 보며, 송아지를 보고 황금을 보지 못 하는 어리석음이라니! 부처가 지옥을 가고 천상을 가며, 부처가 울기도 하고 웃기도 한다는, 존재 일반이 모두 부처 아님이 없다는, 부처에 대한 관념 전환이 범 인류사에 어떤 의미가 있겠는가를 대오 각성할 필요가 있습니다.

부처님은 어디에 계신가? 보고 듣고 말하는 나요, 너이며 나아가서 존재하는 모든 것입니다.

인간 경시의 부정적인 암시는 핵구름보다 심각한 문제입니다.
인간 소외, 인간 경시의 무의식적 감염 현상을 극복하는 방법은 인간이 그대로 부처님이요,
온 법계에 진리 아닌 것이 없다는 부처님 말씀을 드러내는 것입니다.

활불(活佛) 3박자

활불인 자가 일단 활불을 드러낼 일은 웃음입니다.
방그레요, 빙그레요, 스마일이요, 미소요, 가가대소(呵呵大笑)입니다.

일단 스스로 활불(活佛)임을 선언하자고 했습니다. 활불인 이유는 체(體)로 보면 이미 부처요, 용(用)으로 보아도 그만큼의 부처이기 때문입니다. 활불이라고 자인(自認)한다면 지금 바로 활불로서의 삶을 살아야 할 것입니다. 행복을 원하는 것이 인생일 터, 지금 바로 활불로서 행복하십시다. 행복은 기다려야 할 어떤 무엇이 아니고 지금 바로 선택하며 누려야 할 권리입니다. 활불인 당신은 지금 바로 행복해야 합니다. 혹여 지금 바로 행복할 일을 억지라고 생각하지는 않는지요?

깨달아갈수록 누구나 이미 지극히 행복한 상태에 있다는 것을 수긍하게 되겠지만, 행복을 원한다면 이 순간 바로 행복을 결단하는 것입니다. 물론, 미래의 보다 더 높은 행복을 위해서 행복을 준비하는 일(思言行)을 하지 말자는 것이 아닙니다. 보다 높은 행복을 위한 어떤 준비는 하더라도 지금 바로 행복을 결단하여 누리는 것은 최우선적으로 중요합니다.

나는 맨 먼저 표정을 유념합니다. 표정은 행복해 하는 표정과 불행해 하는 표정, 우선 이 둘로 나누어 생각해 볼 수 있습니다. 자연스럽게는 대체로 마음이 행복한 사람은 미소 띤 표정으로 사는 경향이 있을 것이요, 마음이 불행한 사람은 우울한 표정으로 사는 경향이 있을 것입니다.

일단 웃으라, 암도 퇴치한다

'웃으라'는 이 대목에서 한 깨침이 있어야 합니다. 즐거우면 웃음이 나오지만 웃으면 즐거워진다는 이치입니다. 전자를 심리주의(心理主義)라고 한다면 후자는 행동주의(行動主義)이지요.

나는 많은 사람들에게 "마음이 다 행복해진 다음에 웃으시겠습니까, 아니면 일단 웃으면서 행복해지시겠습니까?" 하고 묻곤 합니다. 그러면 거의 대부분의 사람들이 일단 웃으며 행복해지겠다고 답합니다. 어찌 보면 당연한 것 같은 일이지만 나는 아주 다

행스럽게 여깁니다.

활불인 자가 일단 활불을 드러낼 일은 웃음입니다. 방그레요, 빙그레요, 스마일이요, 미소요, 가가대소(呵呵大笑)입니다. 여러분, 미소 띤 표정 운동을 해 보면 어떨까요? 여러분 주위에 언제나 환한 얼굴의 사람들이 웅성거리도록 하는 것입니다. 하루에 몇 차례 가가대소의 웃음을 웃는다면 어떨까요? 나는 그것을 적극 권장합니다. 하루에 10분 정도씩 온 몸으로 소리 높여 자지러지게 가가대소하는 일을 100일간 이행한다면 어지간한 암(癌)도 퇴치한다고 우리는 듣고 믿고 있습니다.

생각해야 할 시간에 행동하는 것이 어리석음이듯이 행동해야 할 시간에 생각만 하고 있다면 역시 어리석음입니다. 미소에 대해서, 웃음에 대해서 생각하는 것도 의미 있겠지만 무엇보다도 바로 미소를 지어보는 것, 웃음을 웃어보는 것이 중요합니다. 눈을 감고 빙그레 미소의 표정을 지으면서 어떤 느낌이 드는지 경험해 보세요. 가가대소도 마찬가지입니다. 한 번 온몸으로 1분쯤 가가대소해 보세요. 웃음이 얼마나 위력적인가를 불원간에 깨닫게 될 것입니다.

활불인 자는 행복한 자요, 행복한 자는 표정이 밝은 자요, 밝은 표정은 웃을 때 오는 결과물입니다. 활불은 일단 미소입니다. 웃어야 합니다. 한 개인이 웃어야 하고, 한 가정이 웃어야 하고,

한 회사, 한 나라, 이 지구가 웃어야 합니다.

행 복 을 선 언 하 라

활불은 밖으로는 미소로 드러나지만 안으로는 스스로의 행복을 확인합니다. 행복을 선언하는 것입니다. 행복하지도 않은데 행복을 선언하는 것은 억지라고 여길지도 모릅니다. 그러나 이것도 역시 행동해야 할 순간에 생각하기 때문입니다. '활불인 나는 행복하다'라고 속엣 소리로 혹은 드러나는 큰 소리로 여러 번 선언을 해 보세요. 행복을 머리로가 아닌 가슴으로 느끼게 될 것입니다. 안으로든 밖으로든 행복을 선언하고 있노라면 점점 행복해지며 행복 수위가 높아지며 나아가서는 이미 행복한 처지에 있다는 것이 사실로 느껴지게 됩니다.

건전한 정신이 있다는 것, 몸이 이 정도로 건강하다는 것, 보고 듣는 눈과 귀가 있고, 맑은 공기, 푸른 하늘, 흐르는 물, 새들의 노래 등등 이미 무진장한 행복의 조건들에 휩싸여 있다는 것을 눈물겹게 인식하기에 이릅니다. '활불인 나는 행복하다'는 선언이 억지가 아닌 지극한 사실입니다.

나는 없다고 선언하라

끝으로 '나 없다' 혹은 '공하다'라고 선언합니다. 허공에 구름 한 조각이 흐를 때 그것은 아름답습니다. 그러나 그 구름조차 사라질 때 허공은 더 개운하고 시원합니다. 빙그레 미소 짓고, 행복해 보이는 활불은 그대로 매우 좋습니다. 그러나 공한 활불일 때 활불은 드디어 무한으로 열린 해탈을 누립니다.

나는 많은 법회에서 활불 삼박자를 법문의 기초로 전합니다. '웃기-행복을 선언하기-무아(無我)를 선언하기'는 행동주의 행복론, 심리주의 행복론, 초월주의 행복론입니다. 자지러지게 온몸으로 가가대소를 하게 하고, 바로 이어서 '활불인 나는 행복하다'를 양팔을 번쩍 들면서 세 번 외치게 하고, '나 없다'를 조용히 선언하게 합니다. 놀랍게도 법회장의 거의 모든 분이 잘 적응하는 것을 보면서 세상의 가능성을 확인하곤 합니다.

보다 드높은 행복 해탈을 위해 심도 있는 사언행(정사유-정어-정업)의 계획을 세워서 실천 궁행해야 함은 당연히 필요한 것입니다. 하지만, 바로 지금 행복을 누려버리는 사언행은 더욱 필요합니다. 거창한 언행 이전에 빙그레 웃는 밝은 표정을 지어보는, 혹은 하하하하 자지러지게 웃어보는 단순한 언행(言行)이 얼마나 위력적인가를 실천해 보는 사람은 바로 알 수 있습니다.

행복선언이나 무아선언도 마찬가지입니다. 삼법인(三法印)이니, 응무소주이생기심(應無所住而生其心)이니 하는 무게 있는 철학적 명상도 궁극적으로 중요하지만, 유치원생의 오락과 같이 극히 단순한 '나는 행복하다' 혹은 '나 없다'를 군소리로 되뇌어보는 것이 마음을 천국으로 이끄는 신묘한 선약(仙藥)이라는 것을 어느 정도 실천만 해 본다면 크게 수긍하게 됩니다.

이 '활불 3박자'는 25여 년 간 5박 6일의 수련을 200회 이상 실시해 오면서 그 긍정성이 충분히 증명되었습니다. '생활불교 어떻게 할 것인가'에 대한 답의 하나로 이 간단한 활불 3박자가 얼마나 위력적인가를 증명한다면 한국불교에 신선한 기여를 하게 될 것입니다.

큰 희망, 큰 사랑을 뿜어내면 탐진치가 증발된다 —대원관(大願觀)

보살의 원에 찬 희망은 행복 차원을 넘어선 수행이요, 청복(淸福)입니다.
탐진치를 제거하는 노력도 좋지만 큰 희망, 큰 사랑을 뿜어내면
탐진치는 절로 증발하는 것입니다.

여러분에게 "평소 마음공부는 어떻게 하세요?" 하고 묻는다면 어떤 답이 나오십니까? 나에게 묻는다면 "주바라밀(主波羅蜜)로는 아미타불을 염하면서 진공묘유(眞空妙有)인 일심법계(一心法界)를 관조(觀照)하는 것을 주로 하고, 네 개의 조바라밀(助波羅蜜)과 여러 개의 세바라밀(細波羅蜜)을 닦습니다." 정도로 답합니다. 결국은 삼학-8정도-육바라밀에 해당하지만 내 식으로 재편집한 행법이지요.

당신의 행복 해탈을 위해서
나를 바칩니다

세 바라밀 중 하나인 대원관(大願觀)에 대해 나누어 보려고 합니다. 아시다시피 수행이란 탐진치(貪瞋癡) 삼독(三毒)을 소멸하여 내재되어 있는 불성광명(佛性光明)이 온전히 드러나게 하는 것인데, 나는 대원관이 그 수행법의 하나로 대단히 좋다는 것을 경험으로 알고 있습니다.

대원(大願)이란 글자 그대로 큰 바람, 큰 소망, 큰 희망입니다. 대원관이란 사무량심관(四無量心觀)이나 자비관(慈悲觀), 사홍서원(四弘誓願)과 거의 같은 개념으로서 대원이 마음에 사무쳐지도록 관(觀: 명상)하는 것입니다.

우리 불제자는 법회 때마다 '중생무변서원도(衆生無邊誓願度)' 등의 사홍서원을 외칩니다. 참으로 귀한 맹세의 외침이지요. 우리 불제자들에게 대원의 마음이 충분히 뿌리를 내리도록 대원관을 수행해 보시라고 간곡히 권장해 봅니다. 대원관은 기도의 일종입니다. 이타적인 기도가 대원관입니다.

한 스승 밑에서 한 행법을 받았다고 해도 공부를 해 가다 보면 개인 차가 날 수밖에 없고 자기만의 길이 개척되어지게 마련입니다. 나의 경우 대원관은 가까운 한 사람으로부터 출발합니다.

우선 한 분을 떠올리고 '행복 해탈하세요. 당신의 행복 해탈을 위해서 나를 바칩니다.' 식으로 기도하는 것입니다.

마음이 가는 곳에 기(氣)가 가는 것입니다. 어머니를 떠올리면 나의 관심과 사랑의 기운은 벌써 어머니에게 가고 있다는 말입니다. 나로부터 사랑의 기운이 대상에게로 전해지면서 대상이 밝아지고 맑아지고 행복 해탈해지는 것을 상상할 때 나는 이미 어떤 지복감(至福感)에 휩싸여지는 것을 느끼게 됩니다. 점점 대원관(기도)의 대상을 개인으로부터 집단으로 확산시켜갑니다. 가족－소속공동체－지역사회－온 국민－온 인류－온 중생－유정무정(有情無情)의 온 존재－태양계－은하계－우주－무한 우주 등등….

상상 속에서 무한 우주가 나의 대원의 대상이 되어 그만큼 더 정토화하면서 환히 빛나곤 할 때 나는 이미 법신불(法身佛)이 된 감을 번번이 느끼곤 합니다. 백문(百聞)이 불여일견(不如一見)입니다. 대원관을 관행해 보면 바로 공감, 지지할 것입니다.

일렀듯이 대원은 큰 희망이요, 큰 기도입니다. 사실, 희망이 없는 인생은 그 자체로 나락(奈落)입니다. 욕심에 찬 희망이라도 없는 것에 비하면 탁월한 행복입니다. 보살의 원에 찬 희망은 행복 차원을 넘어선 수행이요, 청복(淸福)입니다. 탐진치를 제거하는 노력도 좋지만 큰 희망, 큰 사랑을 뿜어내면 탐진치는 절로 증발하는 것입니다. 대원관은 그래서 탁월한 수행법이 되는 것입니다.

나는 무수한 시민의
행복에 기여하는 보살이다

『금강경』 벽두에 수보리 존자께서 석존에게 성불의 조건을 묻습니다. 석존께서는 "이 무한 우주에 있는 구류(九類)의 무수한 중생을 다 제도하리라 하고 맹세하는 것"이 그 조건이라고 답하십니다. 나는 『금강경』을 익혀갈 때 벽두의 그 대목에서 대단히 인상적인 감동을 받았습니다. 대원 자체가 해탈의 조건이 된다는 것 말입니다.

겉보기는 똑같은 일을 하고 있는 두 사람이 있다고 봅시다. 한 사람은 '처자식 먹여 살리기 위해서 이 일을 한다'고 생각을 하면서 그 일을 하고 있고, 다른 한 사람은 '나는 이 일을 통해 나라의 번영에 기여한다'라고 생각을 하면서 그 일을 한다고 볼 때 전자와 후자의 사이에 어떤 차이가 느껴집니까? 이것이 탐욕(貪慾)과 원력(願力)의 차이입니다.

얼마 전에 일본에서 만들어진 드라마를 한 편 본 일이 있습니다. 주인공 사내는 평생 시청의 관리로 봉직했지만 삶의 재미를 느끼지 못해 심한 우울증을 앓게 됩니다. 우울증으로 시달리고 있는 와중에 어느 찻집에서 발랄한 아가씨와 간단한 대화를 나누는 기회를 갖게 됩니다.

아가씨는 심히 우울해 보이는 아저씨에게 "왜 그렇게 우울하세요? 사회를 위해서 무슨 일이든 해 보세요." 하면서 들고 있던 곰 인형을 보이며, "저는 인형 만드는 회사 공장에서 인형 만드는 일을 합니다. 인형을 만들 때마다 전국 어린이들의 기쁨이 눈에 보입니다. 내가 만드는 인형이 어떤 한 어린이를 기쁘게 할 것이라는 것을 상상하면 이 일로 기쁨이 솟아요."라고 충고를 해 줍니다.

그 시청 관리는 그 순간 중대한 각성이 일어납니다. '아! 나는 이미 평생 동안 시민의 복지를 위해 일을 하면서도 오직 처자식 먹여 살리기 위해 일을 한다는 생각만을 했구나. 그렇다. 나는 무수한 시민의 행복에 기여하는 보살이다.'라는 한 생각 전환이 오면서 우울증이 깨끗이 가시고 다음날 활기 넘치는 기분으로 콧노래를 부르면서 출근을 합니다.

나는 매일 "진공묘유(眞空妙有)의 활불(活佛)인 나는, 무한 우주에 존재하는 무수 중생의 행복 해탈과 온 존재의 맑고 밝은 기운을 위해 나의 전 존재를 바칩니다."라고 대원의 기도를 하고 또 하곤 합니다. 이 관념적인 관행이 그 자체로 행복일 뿐 아니라, 나의 마음밭에 이기적인 자아의 뿌리를 근절시켜 주고, 보살도의 동력이 되어 줌을 느끼기 때문입니다.

한때는 '지구에 빙하기가 오거나 온 우주가 블랙홀에 다 흡

수되어버리는 공겁(空劫)이 올 것인데 다 허망한 일이 아니냐.' 하는 허무의식에 시달리기도 했습니다. 그러나 그것은 잠시였고 '공겁이 지나고 다시 성겁(成劫)이 시작할 때 우주의 생성 소재는 결국 이전 우주의 에너지일 것 아니냐.' 하는 것이 확연한 직관적 깨침으로 다가오면서 허무의 늪에서 벗어났습니다.

아무튼 유정이든 무정이든 유형이든 무형이든 세상은 맑고 밝은 기운으로 넘쳐야 바람직하고, 일체의 유정중생은 행복 해탈하는 것이 바람직합니다. 그러기 위해서 우리는 어떤 기여를 해야 합니다. 가능하다면 우리의 전 존재를 바쳐야 합니다. 그것이 보살의 길입니다.

'…그러나' 미학

마음은 그에 상응하는 말을 끌어오지만,
말은 또한 그에 상응하는 마음을 만들어냅니다.
부정 시각에서 벗어나기 위한 접근법 하나로 '그러나' 라는 부사를 사용해 볼 것을 권장합니다.
"그는 잔소리가 많아"라고 말(생각)했다면,
"그는 잔소리가 많아. 그러나, 그는 친절한 편이야."라고 말입니다.

긍 정 의   힘 .

"천하를 둘러보니 부처의 지혜 덕상을 갖추지 않은 것이 없구나."

여러분 자신이나 혹은 여러분의 가족이나 친지들 중에 입에서 말
이 나왔다 하면 자기 자신이나 주변 사람이나 세상에 대해 시비하
고 비판하는 말을 많이 하는 경우를 보십니까? 즉 세상이나 사람
들에 대해 긍정적이기보다는 부정적으로 인지하고 평가하고 비판
하는 것 말입니다. 말 한마디로 천 냥 빚을 갚는다는 말도 있고,
말 한마디로 목숨을 잃는다는 말도 있습니다마는, 우리네 사람들
이 단순한 말씀 여하로 위로가 되고 격려가 되는가 하면, 말씀 때

문에 상처가 되고 원한이 되는 일은 참으로 비일비재합니다. 물론 사람에 따라 다르지만 말을 뱉었다 하면 비수(匕首)가 되어 세상을 괴롭히는 사람이 세상에는 더러 있단 말입니다.

단적으로 평가할 수는 없지만, 유아기부터 충분히 사랑과 인정을 받고 충분히 원하는 일을 성취하면서 자라난 사람은 세상을 보는 시각이 자연히 긍정적일 수밖에 없지요. 또한 사랑과 인정과 성취에 있어서 좌절의 깊이와 넓이만큼 세상에 대한 시각이 부정적일 수밖에 없고, 시각이 부정적이라면 세상에 대해서 부정적으로 평가하고 비판하고 미워할 수밖에 없습니다. 물론 이것은 정도의 차이이지 흑백으로 나눌 수 없는 것이긴 합니다. 어쨌든 정도 이상으로 부정적 시각에 길들여져 있는 사람은 스스로 평안할 리가 없고 대인관계에서도 공격적이고 전투적인 태도를 취하므로 평화로운 분위기보다는 긴장된 분위기를 조성하게 되어 안으로나 밖으로나 평화롭지 못합니다.

세상에 대한 시각이 긍정적이냐(陽시각) 부정적이냐(陰시각) 하는 문제는 마음공부에 있어서 대단히 중요하게 다루어져야 할 부분입니다. 보리수하에서 대각을 성취한 부처님께서 "천하를 둘러보니 부처의 지혜 덕상을 갖추지 않은 것이 없구나!"라고 선언하신 것은 바로 세상 자체의 대긍정(大肯定)을 드러내신 것입니다. 이 말은 세상은 본래청정(本來淸淨)인데 중생이 주관적으로 분별−시비−

평가-비판 등을 한다는 것을 의미합니다.

생각, 말이 운명을 좌우한다

상대적인 분별 시비를 놓고 절대적인 평등 청정의 경지에 드는 결정적인 길이 많겠지만 이번에 권장하는 소박한 길 하나는 생활 속에서 쉽게 익히고 활용할 수 있는 간단한 단어 하나입니다. 즉 '그러나'라고 하는 단어인데, 이 '그러나'를 특수한 경우에 습관적으로 활용해 봄으로써 마음공부에 상당한 공덕을 취할 수 있을 것입니다.

한 신도님은 나에게 "내 아들은 거짓말을 잘 해요."라고 말하곤 했습니다. 나는 그 신도님에게 "그 말씀에다가 '그러나'를 붙여서 말을 이어 보세요."라고 요청했습니다. 그 분은 처음에는 어색해 하였지만 끝내는 "내 아들은 거짓말을 잘 해요. 그러나, 공부는 잘 해요."라고 말을 만들어내었습니다. 몇 개 더 만들어 표현해 보라고 했더니, "…거짓말은 잘 해요. 그러나, 부모 말은 잘 듣는 편이에요." "…거짓말을 잘 해요. 그러나, 몸은 건강해서 고마워요." "…거짓말을 잘 해요. 그러나, 좋은 친구들이 많은 것 같아요."

“…거짓말을 잘 해요. 그러나, 항상 밝은 얼굴이에요.”

그렇게 ‘그러나’를 붙여 표현을 해 본 느낌이 어떠하냐고 물으니, 아들에 대한 느낌이 훨씬 좋아질 뿐 아니라, 깨달은 바가 있다고 했습니다.

인생이란 안으로는 무엇인가를 생각하고 밖으로는 무엇인가를 말하고 행동하는 과정입니다. 그 생각이나 말이나 행동이 대체로 긍정적이라면 좋겠지만 많은 경우 그러하지를 못합니다. 부정적인 생각이나 말이나 행동이 반복되면 그것은 습관화되고 나아가서는 성격이 되어 그 사람의 인생과 운명을 나락의 길로 이끌어버립니다.

긍 정 시 각 발 달 시 키 기

세상을 부정적으로 보는 성격이나 습관을 바로잡는 일은 최우선으로 해야 할 만큼 중요한 일입니다. 세상을 부정적으로 보는 시각을 교정하는 길 가운데 하나가 ‘그러나’라는 단어 활용입니다. 즉 부정적인 생각을 했거나, 부정적인 말을 했거나, 부정적인 행동을 했을 때, 가만히 ‘그러나’를 붙여 말을 이어보는 것입니다.

‘그러나’라는 부사로 시작하는 말은 자연스럽게 앞의 상황을 반전(反轉)시킵니다. 스스로의 생각이나 말을 살펴보아서 적정선 이상의 부정 시각을 가졌다고 여겨진다면 생활수행 차원에서 강력한 대책을 강구해야 합니다. 부정 시각에서 벗어나기 위한 접근법 하나로 ‘그러나’라는 부사를 사용해 볼 것을 권장합니다.

“그는 잔소리가 많아.”라고 말(생각)했다면, “그는 잔소리가 많아. 그러나, 그는 친절한 편이야.”, “그녀는 방방 떠있어. 그러나, 매사에 적극적이어서 좋아.”, “형님이 참 야속하다. 그런 정도의 부탁을 들어주지 않다니….”였다면, “…그러나, 알고 보면 형님에게 그럴 만한 사정이 있을지 모르지. 살아오면서 형님에게 은혜 입은 것이 한 두 가지인가.”, 아들에게 매를 때리는 식의 행동을 한 끝이라면 역시 “아들이 여차저차하여 매를 때리기는 했다마는 그러나, 내 아들의 좋은 점이 한두 가지인가.” 하고 긍정적인 시각으로 아들의 장점을 생각해 보는 것입니다.

이런 식으로 부정 상황에 ‘그러나’를 붙여 말을 만들어 보는 것입니다. 부정적으로 사고하거나 표현을 해 놓고 끝내버리면 사고나 언어가 부정적으로 고착되고 급기야는 습관 내지 성격으로 굳어집니다. 100건 정도를 연습하다 보면 어떤 부정적인 상황도 긍정적으로 전환하는 사고력의 탄력이 생겨나고, 놀라울 정도로 긍정시각이 발달되어져 있음을 발견하게 될 것입니다.

마음은 그에 상응하는 말을 끌어오지만, 말은 또한 그에 상응하는 마음을 만들어냅니다. 좋은 언어 풍토는 세상을 영성적으로 성숙시키는 장치요, 토양입니다. 언어 순화나 순화된 언어 풍토를 조성하기 위한 운동이 역사적으로 꾸준히 일어나야 할 것입니다. 부정적인 사고나 언어표현 뒤에 '그러나'라는 언어를 붙여보는 것을 운동에 붙여보자고 한다면 너무 섬세한 권장일까, 하면서 미소를 지어봅니다.

미래를 잉태할 씨앗은
오늘의 꿈속에 있다

의식은 허공처럼 비어있고 온 사람, 온 동물, 온 식물, 온 존재에
그윽한 자비의 사랑을 보냅니다. 얼굴에는 평화로운 미소가 흐릅니다.
필요한 일을 힘써 하되, 걸리는 마음이 없고, 역경이라 여겨질 수 있는 경계에도
빙그레 미소로 이해하고 감싸 안습니다. 가히 지상 천국이 아니겠습니까?

언제인가부터 세상이 존재하게 되었고, 사람이 살게 되었고, 사람들이 엮어낸 역사가 시작되었고, 역사는 쌓이고 변하고 재조정되면서 흘러왔습니다. 그 역사는 어디로 가고 있는가?

세상을 바라다 봄에, 사람들의 삶의 모습을 바라다 봄에, 누구나 할 것 없이 그 삶이라는 움직임의 동력은 무엇인가를 얻고 싶음입니다. 즉, 욕구이지요. 건강에 대한 욕구, 지식에 대한 욕구, 이성에 대한 욕구, 돈에 대한, 명예에 대한, 권력에 대한, 진선미에 대한, 나아가서는 성스러움에 대한, 등등의 다양한 욕구들이 사람살이의 원동력이 되어 있음을 알 수 있습니다. 역사는 곧 그러한 욕구를 성취하는 것을 향하여 질주하고 있습니다. 욕구는 이제 중독(中毒)이 되어, 사람하면 곧 욕구라고 할 만큼 욕구는 우리

역사에 당연한 전제물이 되어버렸지요.

끝내 그 역사는 어디로 가는 것인가? 그 역사를 이끌어 가는 자는 누구인가? 역사 자체인가, 유일신인가, 사람인가? 물론 역사의 주체는 사람입니다. 관점에 따라 역사라는 흐름의 주체는 달리 논의되기도 하겠지만, 역시 역사는 사람에 의해 그 모양새가 달라져 왔다는 것을 경험해 왔습니다. 그렇습니다. 역사라는 수레바퀴를 이끌고 가는 자는 사람입니다. 사람이어야 합니다. 우리들 사람은 역사를 어디론가 이끌어 가야 하는 것입니다.

나는 대원(大願)이라는 이름 아래 '우리 모두의 행복과, 온 존재의 맑고 밝은 기운'을 사람이 이끌어가야 할 역사의 방향이라고 말합니다. 극히 진부한 방향관(方向觀)으로 들릴 정도로 우리가 나아가야 할 방향은 당연히 그것일지 모릅니다.

그러나 이 글의 주제는 방향이 아니고 그 방향으로 나아가기 위한 결정적인 방법론이 있다면 그것이 무엇일 것이며, 그 무엇이 A라면, 우리 사람들은 역사를 그 A로 이끌어 감으로써 우리 모두의 행복과 온 존재의 맑고 밝은 기운을 이룩하지 않겠느냐 하는 것입니다.

우리는 꿈을 가져야 합니다. 무수한 욕구로 희비(喜悲)의 시달림을 당하고 있는 뭇 사람들이,
무분별한 습관적 욕심을 비우고 평화로운 얼굴로 봄 언덕에 낮잠을 자고 있는 모습을 꿈꾸어야 합니다.
삼천년 전부터 영성이 열린 선각자들은 그 꿈을 현실로 살았고, 세상 사람들도 그렇게 살 수 있을 것이라는 꿈을 꾸어왔습니

마음이 가난해야 천국 문이 열린다

결정적이라 해도 될 만한 방법론 A는 무엇일까요? 나는 '우리 모두의 행복과, 온 존재의 맑고 밝은 기운'을 이룩해 가는 단계적인 다양한 방법을 제시하면서도 그 결정적인 방법 A를 제시합니다. 그 A는 '의식(意識)을 개념(槪念) 이전으로 있도록 함'입니다.

인생을 욕구 성취의 과정이라고 한다면, 이 A는 모든 욕구를 놓아버리는 마음 상태입니다. 이 황당한(?) 일이 가능할까요? 백에 아흔아홉의 사람이 그런 기대에 공감하지도 못하고, 절대로 가능할 수 없다고 여길지라도 역대의 동서양 영성가의 선각(先覺)들은 그지없이 부르짖어 왔습니다. 어느 선각은 무위자연(無爲自然)을 노래해왔고, 어느 선각은 응무소주(應無所住)를 호소해 왔고, 어느 선각은 마음이 가난해야 천국 문이 열린다고 외쳐 왔습니다.

어떤 영성 공동체에 100명의 구성원이 있다고 합시다. 그들이 모두 일체의 개념[욕구] 에너지를 벗어나 유유자적(悠悠自適)하고 있다고 상상해 봅니다. 의식은 허공처럼 비어있고 온 사람, 온 동물, 온 식물, 온 존재에 그윽한 자비의 사랑을 보냅니다. 얼굴에는 평화로운 미소가 흐릅니다. 필요한 일을 힘써 하되, 걸리는 마음이 없고, 역경이라 여겨질 수 있는 경계에도 빙그레 미소로 이해하고 감싸 안습니다. 가히 지상 천국이 아니겠습니까?

이러한 상상이 너무 감상적(感傷的)인가요? 10세기에는 하늘을 나는 상상의 감상(感傷)이 20세기에는 현실이 되었습니다. 오늘의 감상이 내일의 현실이 되기 위해서 우리는 무엇인가를 상상(想像)해야 합니다.

영성이 열린 선각자는 꿈을 현실로 살았다

미래 현실을 잉태할 씨앗은 오늘의 감상적인 꿈속에 들어 있습니다. 우리는 꿈을 가져야 합니다. 무수한 욕구로 희비(喜悲)의 시달림을 당하고 있는 뭇 사람들이, 무분별한 습관적 욕심을 비우고 평화로운 얼굴로 봄 언덕에 낮잠을 자고 있는 모습을 꿈꾸어야 합니다. 삼천년 전부터 영성이 열린 선각자들은 그 꿈을 현실로 살았고, 세상 사람들도 그렇게 살 수 있을 것이라는 꿈을 꾸어왔습니다.

바야흐로 21세기입니다. 21세기에는 정치인, 경제인이 그 감상적인 꿈을 꾸어야 합니다. 신화적인 정치, 신화적인 기업을 나는 권장합니다. 정치가의 마음속에, 기업가의 정서 속에 허공 같은 무위(無爲)의 꿈을 꾸어보라고 한다면 역시 감상적일까요? 더러,

치열하게 북적거리던 의식을 잠시라도 쉬면서 "아하, 이러한 마음 상태도 있구나!" 하면서 기뻐하는 분들을 수련과정에서 무수히 접하면서 21세기의 영성문화 가능성을 내다보고 있습니다.

꿈은 운동으로 드러납니다. 운동은 가치관이 그 토대입니다. '우주에 생멸하는 모든 존재의 행복과, 맑고 밝은 기운'을 삶의 목적으로 설정해 본다면 대다수의 사람이 수긍과 지지를 보내리라고 봅니다.

방법으로는 다양한 것들이 있을 터, 나는 '각성점두(覺性點頭)', '옴', '옴나', '돈망(頓忘)', '무한 만트라' 등의 이름으로, 방법 특호를 제시하고 있습니다. 곧, '마음(의식)을 개념 이전에 자적(自適)하게 함'입니다. 나는 '사단법인 동사섭'이라는 문화단체를 만들어 이를 운동에 부치고 있습니다. 나는 이 운동이 돈강(頓忘)의 과녁을 철두철미 적중(的中)하면서, 역사의 흐름을 사명적으로 주도해 가리라고 믿습니다.

안으로 갈 곳 없고
밖으로 갈 곳 없으니
이대로 깨어있는 일이
내 할 일 전부일세.

지금 여기를 산다

불교공부를 함에 있어서 바로 지금 자신의 마음에 관심을 기울이면서
미성숙한 마음의 흐름을 바로 다루는 것이 생활불교의 제1번임을 확실히 해야 합니다.
그래야 살아있는 불교가 되고 '삶 즉 불교'가 될 것입니다.

우리 불교인은 연조가 깊어질수록 전생이니 내생이니 하는 말을 많이 합니다. 전생에 지은 바가 그러하다느니, 내생의 복락을 위해서 어찌한다느니, 전생에 지은 인과라 여기라느니, 내생에 갚는다느니 등등 말입니다. 분명 전생이나 내생이 우리네 인생에 의미가 적지 않겠지만 전생이나 내생보다 더 중요한 것은 현재입니다. '지금 여기' 말입니다.

첫 번째 비상사태, 화 다루기

생활 속의 불교수행이란 지금 여기에 흘러가고 있는 자신의 마음과 삶을 관찰하면서 보다 불조(佛祖)의 바라밀답게 관장하는 것입니다. 지금 나의 현실이 어떠한가를 살피고, 진행되고 있는 지금의 나의 마음은 어떤 인과로 일어났는가를 살피고 어떻게 다루는 것이 바람직한가를 정사유하여 보다 바람직한 마음으로 나아가도록 관리하는 것입니다.

많은 불교가 관념화되어 있고, 문화적으로 발전되어 있다는 것은 한편 다행한 일이지만 그런 나머지 불교생활의 우선순위가 바뀐다면 유감입니다. 석가모니 부처님 시절을 상상해 본다면 간단히 답이 나옵니다. 석존의 제자들은 공부해야 할 불교교리 체계들이 많이 있었던 것이 아니라 실참실수(實參實修)해야 할 4성제−12연기−8정도가 전부였고 그것을 세상에 전하는 것이 전부였습니다. 불교 공부는 이것저것 불교교리체계를 공부하는 것을 우선적으로 생각하는 것보다는 바로 자신의 마음속에 난무하는 탐진치(貪瞋癡) 삼독을 직면하고 이를 갈고 닦는 일을 최우선적으로 하는 것이어야 할 것입니다.

'지금 여기'의 자신을 돌아보기로 아주 적격인 것은 느낌을 살피는 것입니다. 특히 분노(화: 瞋心)입니다. 우리 주변을 살펴보면 불교인이라고 하면서도 걸핏하면 화를 내는 분을 많이 볼 수 있습니다. 불교 하면 탐진치 초월이라는 것은 기초교리인데 말입니다.

사람에 따라 다르겠지만, '생활 속의 불교수행'이라고 하면 그 구체적인 수행의 1번으로 손꼽아야 할 것은 하루에도 무수히 일어나는 분노(瞋)를 점검하고 다루기라고 봐도 됩니다. 문득문득 인격의 중심에서 일어나는 여기 지금의 화(분노)를 직면하고 다루는 것, 이것이 우선적인 불교 수행이라 해도 됩니다. 불교의 목적은 해탈일 터, 화는 불해탈의 단적인 증거이니 불해탈인 화가 일어났다면 이는 불교공부인 분상에서는 비상사태인 것입니다. 비상사태를 당연시하고 둔감하게 묵과한다면 심각한 일입니다.

지금 여기 흘러가고 있는 마음을 문제 삼는다는 것! 문제 삼아야 할 마음이란 탐진치 삼독이라는 것, 상황에 따라 다르겠지만 삼독 중에서도 진심(분노)이 가장 비상사태라는 것 등을 유념하는 것이 좋습니다.

아들이 수학 시험에 40점을 받아온 것을 보고 화가 납니다. 비상사태입니다. 남편이 너무 말이 없으니 답답하고 속이 상합니다. 비상사태입니다. 아내가 어려운 살림을 고려하지 않고 오십만 원 짜리 치마를 사온 것을 보고 화가 납니다. 비상사태입니다. 이런 크고 작은 비상사태가 일년 365일에 3,650번 일어납니다. 이러한 비상사태에 대해 어떤 태도를 가져야 할까요? 즉 지금 여기 내

가슴에 화라고 하는 불길이 일어났습니다.

혹여 '사람은 화가 일어나는 것이 당연한 거야, 그것이 인생이지 뭐. 내가 성인군자인가? 화가 일어나면 화풀이도 하고 싸우기도 하면서 사는 거야.' 하고 화(분노)가 일어나는 것을 쉽게 통과시키면서 살고 있는 것은 아닙니까? 마음공부인으로서의 정체성을 버리고 살겠다고 하면 몰라도 화는 그런 식으로 당연시하고 있을 수는 없습니다. 옷에 묻어 있는 오물을 당연시하고 씻지 않는 사람에게는 단정한 신사숙녀를 기대할 수 없듯이 탐진치를 당연시하고 닦지 않는 사람에게 영성적인 수준을 기대할 수 없지요.

화, 잡아라, 드러내지 말라

탐진치 삼독에 대한 구체적인 대응 방편이 있어야 합니다. 우선 진심(瞋心) 하나만 놓고 본다면 역경계(逆境界)를 만나 화가 일어났을 경우 공부인이 아닌 경우는 속수무책일 것입니다. 공부인이라면 기계적으로 그 대응 작업을 함으로써 그 자리에서 해탈을 해버려야 합니다. 화가 일어났을 경우 일단은 밖으로 노출되어지는 것을 막아야 합니다.

화를 내버릇하면 일시적인 정화는 좀 되겠지만 근본적인 해결은 아니며 화 노출의 대상이 되는 사람에게는 대체로 상처를 주게 되어 사회 문제를 일으킵니다. 깨어있는 마음으로 의도적으로 화를 노출하겠다고 하는 상황이 아니라면 일단 참아야 합니다. 인욕바라밀이 이때의 방편 특효이지요. 일단 참으면서 내관(內觀)법과 외관(外觀)법으로 대응합니다.

내관법이란, 일어나는 화는 어김없이 탐심(貪心)에서 온다는 것을 보고 탐심은 치심(癡心)에서 온다는 것을 보며 치심의 근본은 아집(我執)과 법집(法執)에서 온다는 것을 자각한 다음에 아공(我空) 법공(法空)의 법리(法理)를 정사유하면서 해탈을 하는 것을 말합니다.

외관법이란, 화를 일으키게 한 경계 상황을 그대로 일체의 주관성 없이 바라보면서 그러할 수밖에 없는 연기를 살핍니다. 나아가 그 역경계에 들어있는 긍정적인 의미를 발견함으로써 감사행 등을 하면서 분노로부터 해탈을 해버리는 것이지요.

동사섭 수련 문화에서는 내관법으로 '진-탐-치-무아-해탈', 외관법으로 '구나-겠지-감사-해탈' 이라고 하는 유명 방편이 개발되어 관행함으로써 사람의 의식 속에 들어있는 분노는 물론 탐진치 삼독을 정화해 내는 데 탁월한 효과를 보고 있습니다.

필자가 수련장에서 지도하고 있는 한두 가지 방편을 개론적으로 소개했습니다만 이 글에서 드러내고자 하는 것은 외관법이니 내관법이니 하는 방법론을 제시하고자 하는 것이 아니고, 지금 여기에 흐르고 있는 자신의 마음에 관심을 가지고 관찰하는 것이 중요하다는 것, 그리고 지금 여기의 내 마음에 잡혀오는 분노를 위시한 탐진치를 직접 직면하고 해결, 해탈하는 것이 중요하다는 것을 자각하자는 것입니다. 그러한 자각이 확연하다면 자연히 방법론은 인연 따라 채택될 것입니다.

거듭 강조하거니와 불교공부를 함에 있어서 바로 지금 자신의 마음에 관심을 기울이면서 미성숙한 마음의 흐름을 바로 다루는 것이 생활불교의 제1번임을 확실히 해야 합니다. 그래야 살아 있는 불교가 되고 '삶 즉 불교'가 될 것입니다.

이대로 깨어있기

욕망의 최소화 운동이 일어나야 합니다. 그러기 위해서는 가치의 최소 단위인
무소유심리가 무엇인가를 간파해야 하고, 그 간파가 얼마나 위력적인 의미가
있는가를 깨달아 이를 문화운동으로 전개해야 할 것입니다.

마음공부란, 단적으로 말하면 집착에서 벗어나는 것입니다. 진정 마음공부를 원한다면 자신의 마음이 순간순간 무엇에 집착하는가를 돌아보아야 합니다. 집착의 가장 대표적인 것이 의존심리(依存心理)입니다.

사람에게는 뿌리 깊은 의존심리가 있습니다. 무언가에 의존할 때 평안이나 기쁨을 얻는 심리이지요. 사람은 스스로 탄생하지 못합니다. 우선 어머니의 태가 있어야 하고, 그 태에서 10개월간이나 몸을 의지해야 합니다. 무수한 전생은 차치하고라도 금생에 10개월 동안 어머니의 태에 의지하고 있는 과정에, 그리고 태어나서 어머니에게 의지하는 과정에 우리들의 의식 깊은 곳에 의존심리는 충분히 뿌리내려져 버립니다.

의 존 심 리

의존심리란 나의 생존을 위한 힘의 근원을 그 무엇인가에 두는 심리이지요. 어떤 의존심리가 길러지면 그 의존의 대상이 없이는 괴로워집니다. 사람의 마음이 홀로 서기를 하지 못하고 무엇인가에 의존해야만 된다고 느끼는 것을 마음공부 차원에서는 미성숙하다고 합니다.

의존심리는 사람 일반에게서 볼 수 있는 보편적인 것들도 있고, 특정 사람들이 문화적으로 지니고 있는 것들도 있고, 퇴폐성을 띤 병리적인 것들도 있습니다. 어린이가 부모에게 의존한다든가 교통수단에 의존한다든가 혹은 종교에 의존한다든가 하는 것들은 대체로 보편적인 것으로 혹은 문화적인 것으로 공감을 받을 수 있습니다. 하지만 그러한 것들도 그 정도가 심해지면 병리적인 중독(中毒)성을 띠게 됩니다. 심한 의지, 심한 사치, 심한 독선 등의 병리적인 의존 심리는 얼마든지 있습니다. 공부인은 자신의 마음 속에 도사리고 있는 의존심리를 날카롭게 관찰하고 이를 척결, 지양해야 합니다. 의존심리야말로 중대한 업장이니까요.

인류 역사를 조감해 볼 때 사람의 의존 대상은 다양했습니다. 어머니를 향한 첫 의존으로부터 아버지, 가족, 친척, 소속집단, 국가, 돈, 권력, 명예, 각종 오락, 알코올, 마약 등에 의존을 해

왔으며 종교나 사상적인 의존으로는 나무, 산, 강, 바다, 태양, 불, 바람, 여러 종교적인 우상 등의 유형적인 토템에 의존하고, 조상 신, 귀신, 그리스나 로마를 위시한 각 나라에서 섬겨온 다신 형태의 무형 신들에게 의존하고, 급기야는 우주 창조신, 유일신, 범신(汎神), 혹은 다양한 인격신에 의존하고 무수한 신념체계나 사고방식에 의존하여 어떤 이익이나 평안을 성취하고 있지요.

이상의 것들이 대상으로서의 어떤 것이라면, 대상 아닌 자기 자신에게도 의존하고자 합니다. 자기라는 것이 무상하고 불완전하므로 무상하지 않고 불완전하지 않는 어떤 참 자기(眞我, 아트만)를 상정하여 의존하기도 합니다. 실은 참 자기라고 하는 것도 자기가 생각하는 어떤 무엇일 터, 결국은 그것도 대상에 불과합니다. 인도의 가장 전통적인 사상 속에 압축적으로 들어 있는 의존의 대상은 아트만(참 자기)과 브라마(우주 창조신)였습니다. 이러한 모든 의존 심리는 그것이 어떤 것이든 일단 최소한 이상의 병리이자 심한 병리로 발전할 수 있는 가능성을 가지고 있습니다. 그래서 요청되는 것으로는 모든 의존을 완벽하게 놓아버리는 것입니다.

놓 아 라

우리의 스승이신 석가모니의 가르침은 어떠했습니까? 그 모든 의존을 완벽하게 놓아버리는 가르침을 펴신 것입니다. 세상의 그 어떤 것도 사람이 힘주어 집착할 만한 실체성이 없다는 가르침입니다.

불교의 절대적인 진리 말씀인 삼법인(三法印)을 떠올려보십시오. 존재하는 모든 것은 무아(無我)인 것입니다. 곧 인무아(人無我)·법무아(法無我) 혹은 아공(我空)·법공(法空)인 것이지요. 무아(無我)라는, 아공(我空)·법공(法空)이라는 것이 일단 교리적으로 깨달아지고 명상을 통하여 체험할 때 석가모니에 대한 고마움은 극에 이릅니다.

아공을 깨닫고 자아를 방하(放下)하며, 법공을 깨닫고 일체 대상을 방하하는 대부정(大否定)의 터널을 통과할 때 결코 부정(否定)되어지지 않는 대긍정(大肯定)이 현전(現前)합니다. 주객(主客) 일체를 다 방하할 때 현전하는 것, 곧 묘유(妙有)입니다. 진공(眞空)과 묘유(妙有)는 동전의 양면과 같지요. 필자는 불교를 만난 감사함 중 방하, 놓음의 가르침을 최고의 것으로 여깁니다.

우리의 궁극의 귀의처는 유형·무형의 그 어떤 것도 아닌, 그 모든 것을 관심 밖으로 내려놓았을 때에도 끝내 소소영령하게 현전하는 그 무엇입니다. 그것은 해탈감일 수도 있고 자비심일 수도 있고, 걸림 없는 자재(自在)로움일 수도 있습니다. 그것은 그냥 깨어 있음이요, 그냥 존재함이요, 그냥 사는 것입니다. 마조 스님은 평상심(平常心)이 도(道)라고 하셨지요.

필자가 4반세기 동안 이끌어온 수련 프로그램의 고급과정에서는 그냥 깨어있음, 그냥 사는 것을 이해가 아닌 체험으로 체감시키고, 체감되어지는 그것이 가장 본질적으로 귀하다는 것을 깨닫게 합니다.

몸을 보호하는 옷이란 어떤 색깔의 옷이라도 색깔이 칠해지기 전의 원단만으로 옷의 기능을 함에 충분하듯 우리의 인생도 원단과 같은 최대 공약수치의 생활 수단이면 됩니다. 원단만으로 충분한 줄 아는 사람은 옷의 색깔을 쫓아 분주해지지 않을 것입니다. 색깔을 쫓아다니느라 불필요한 소모전으로 소중한 생명 에너지를 소진한다면 참으로 안타까운 일입니다.

이 시대는 원단으로부터 너무 멀리 떨어져버렸습니다. 말세라는 말이 있는데, 말세란 바로 원단에서 멀어진 정도만큼의 세태를 말할 것입니다. 즉 필요 이상의 가치를 추구하는 심리만큼 말세요, 타락이지 않겠습니까? 불필요한 가치를 추구하는 이 시대를 욕망의 왕국이라고 갈파하는 선각들이 있습니다. 아주 적절한 시대 진단의 말씀입니다.

욕망의 최소화 운동이 일어나야 합니다. 그러기 위해서는 가

치의 최소 단위인 무소유심리(無所有心理)가 무엇인가를 간파해야 하
고, 그 간파가 얼마나 위력적인 의미가 있는가를 깨달아 이를 문
화운동으로 전개해야 할 것입니다.

　　안으로 갈 곳 없고

　　밖으로 갈 곳 없으니

　　이대로 깨어있는 일이 내 할 일 전부이네.

공부 길 세우기

구름과 다투지 않고 구름을 해결하는 해법이 있습니다. 구름과 다투면서
구름을 제거하는 행위를 그치고 태양을, 허공을 그냥 노래하는 것입니다.
마음공부 길의 주바라밀로 허공을 노래할 것을 권장합니다.
우주 이대로 청정임을 확인하는 것입니다.

당연한 일입니다만, 공부인은 공부 길을 정립해야 합니다. 즉 순간순간 하루하루 해야 할 공부가 무엇인지 환히 알고 있어야 한다는 것입니다. 공부 길은 바로 차안(此岸)에서 피안(彼岸)으로 건너가는 뗏목이니까요. 어떻습니까? 공부 길은 환히 정립되어 있습니까?

공부 길을 정함에 있어서 가장 고전적인 것으로는 부처님 당시의 8정도와 삼학, 대승불교 시대의 육바라밀을 그 표준으로 해야 바람직합니다. 이것들을 참고로 하여 자신에게 맞는 공부 길을 정립해야 합니다. 공부 길은 일단 간단할수록 좋습니다.

그러나 화두 하나면 된다, 혹은 아미타불 하나면 된다는 식으로 너무 간단한 공부 길을 갖는 것은 좀 생각해 봐야 합니다. 공

부 길은 일단 간단한 것이 좋으나 너무 간단하다는 것은 너무 건조한 것일 가능성이 있고, 복합적인 마음을 다 아울러 다스리기 어려울 수 있습니다. 간단하되 너무 간단하지 않게, 복합적이되 간단하고, 간단하되 복합적인 길이 중도라고 생각합니다.

구 름 보 다   태 양 을   보 라

내가 운영하는 수련회에서 권장하는 공부 길을 참고로 말씀 올려 보겠습니다. 수련회에서 공부 길을 이야기할 때에는 엄지손가락과 다른 네 손가락을 직각이 되게 쭉 펴면서 "이것이 동사섭의 바라밀 체계입니다."라고 말하지요. 즉 하나의 우뚝 서있는 엄지손가락은 주바라밀(主波羅蜜: 가장 주력해야 할 행법)이요, 다른 네 개의 손가락은 조바라밀(助波羅蜜: 보조되는 행법)입니다. 그리고 이의의 것들은 다 세바라밀(細波羅蜜)입니다. 간단히 표현해서 주조세(主助細) 바라밀 체계입니다.

불성(佛性)과 불성을 가리는 번뇌(煩惱)가 있다고 할 때, 비유법으로 설명해 본다면 태양(혹은 허공)과 태양(허공)을 가리는 구름이 있다고 할 때, 우리의 공부 길은 구름을 제거하고 태양이 온전히 태양으로서의 역할을 할 수 있게 하는 것입니다. 이때 효과적으로 구름이 사라지게 하는 길은 무엇일까 하는 것이 공부인의 큰 관심사입니다.

세간에 나와 있는 대부분의 공부 길은 구름을 어떻게 제거하느냐 하는 것에 몰두하고 있는 듯합니다. 물론 당연하게 들립니다. 불성이 드러나지 못하는 것이 탐진치 번뇌 때문이라면 탐진치를 제거하여 불성이 드러나게 해야 한다는 것은 너무 바람직하게 보이는 논법입니다. 이 논법은 인류 역사와 인간의 삶 전반에 만연해 있는 삶의 원리 가운데 하나가 되어 왔습니다.

그러나 이 원리가 적용되는 많은 경우에 중대한 부작용이 있다는 것을 사계의 선각들은 깨닫게 되었습니다. 나는 수련 때마다 인류 역사가 범해 온 두 가지 오류를 지적합니다. 이 세상을 선과 악으로 구별해 놓고 악에 대한 인식을 사실보다 과민할 정도로 크게 느낀다는 점과 세상을 선하게 하기 위해 악과 싸우는 점입니다. 선악을 구별하는 것 자체가 오류이지만 선악의 구별은 불가피하다고 하더라도 세상의 악은 선에 비해 극히 미미합니다. 미미한 악을 심히 크게 느낀다는 것은 어리석음 중에 큰 어리석음입니다. 나아가 악을 지양하기 위해서 악 자체를 잡고 싸우는 것은 또 하나의 어리석음이지요. 물론 단적인 말은 아닙니다.

번 뇌 와 다 투 지 말 라

악과 다투어야 할 경우도 얼마든지 있다는 것은 현실적으로 불가피합니다. 그러나 악을 다룸에 있어서 악과 직접 다투지 않아도 될 상황이 놀랍게도 대단히 많다는 것을 많은 인간이 모르고 있습니다. 자기 자신에 대해서도 긍정점이 절대적으로 많은데 부정적인(?) 한두 가지에 집착하면서 자책하는 것, 자녀들의 긍정적인 점이 무수한데 한두 가지 문제점을 심각하게 여겨 그것과 다투면서 자녀들의 삶의 사기를 꺾어놓는 것, 자기 가정이 그만하면 그래도 괜찮은데 원하는 무엇이 좀 부족하다고 지옥을 살고 있는 것, 이 세상 이대로 거의 절대적으로 괜찮은데 개판이라그 낙담하는 것 등등 실로 무수한 경우에 부정 시각을 세움으로써 신명나는 삶을 살지 못하는 경우가 도처에 지천으로 드러나고 있는 것을 알 수 있습니다. 그 단적인 한 예가 스스로 활불인데 중생이라 여기는 점입니다. 마음공부 분상에서도 같은 현상을 볼 수 있는데 바로 번뇌(?)를 죄악시하면서 번뇌와 다투는 것입니다.

구름과 다투지 않고 구름을 해결하는 해법이 있습니다. 구름과 다투면서 구름을 제거하는 행위를 그치고 태양을, 허공을 그냥 노래하는 것입니다. 태양을 노래하라, 허공을 노래하라, 시적으로 들리니 듣기에 좋기도 합니다. 허공을 노래하고 있노라면 구름이란 그 존재 의미를 잃고 저절로 사라집니다. 마음공부 길의 주바라밀로 허공을 노래할 것을 권장합니다. 우주 이대로 청정임을 확인하는 것입니다. 우주는 이미 시비 저 편의 청정(淸淨)입니다. 곧 우주는 이미 무시비(無是非)의 대청정, 곧 부처 아님이 없고, 진리 아님이 없고, 보기에 좋기만한 것입니다.

색즉시공(色卽是空)이 그것이요, 즉심즉불(卽心卽佛) 여즉시불(汝卽是佛)이 그것이요, 번뇌즉보리(煩惱卽菩提)가 그것이요, 지도무난유혐간택(至道無難唯嫌揀擇)이 그것입니다. 석존께서는 보리수하에서 깨달은 바를 녹야원에서 설법을 통해 5비구를 위시하여 야사와 야사의 친구 등 54인의 제자들에게 납득시키시고 아라한이라는 명예까지 달아 주셨던 것이 바로 그것입니다. 물론 이대로 청정, 이대로 부처라는 것을 인식한다는 것이 쉬운 것만은 아닙니다.

나의 경우는 염불선을 만나 일심법계를 대청정으로 관조하면서 그 이름인 아미타불(阿彌陀佛)을 상념(想念)하는 복을 누리고 있습니다. 내가 주관하는 수련회에서는 중급과정에서 조바라밀 세 개로 자신 속에 느껴지는 탐과 진과 치를 각각 다루어 정화하고, 다른 한 개의 조바라밀로는 세상이 온통 이대로 좋다는 명상을 하여 지족사고가 인격으로 뿌리내리게 하며, 고급과정에서는 돈망(頓忘)이라는 제목으로 활불을 노래하고 법계의 청정을 노래하는 한 개의 주제를 다룹니다.

"태양이 스스로를 완벽한 존재로 확인하는 일을 9할의 에너지로 하고(주바라밀), 세상을 향해 빛을 비추려 함에 구름이라는 것이 있어 다소 번거로우니 구름을 제거하는 일을 1할의 에너지로 하되 이는 지족 바탕 위에서 한다(조바라밀). 그리고 공부에 필요한 것들이 또한 다양할 것이니 그때그때 효과적으로 채택하여 조도(助道)가 되게 한다(세바라밀)."

이런 식의 마음공부 길의 정립이 공부인에게 필요함은 여행자의 나침반과 같이 절대적입니다.

행복 특공대

인생이 행복지향이라 볼 때 희(喜)가 많을수록 좋을지언정
비(悲)가 많다면 유감입니다. 대상이 나를 괴롭히는 것은 마치 내 몸에 꽂히는
화살과 같습니다. 어떻게 비(悲)의 양과 정도를 줄이느냐 하는 것은
행복론을 말함에 있어서 중대 주제입니다.

인생은 무수한 상황과 마주치면서 숱한 희비(喜悲)를 경험하며 살아가는 과정입니다. 무수한 상황이라고 하지만 사람과 마주치는 상황이 절대적이지요. 곧 사람과 마주치면서 숱한 희비를 경험하는 것이 삶입니다. 상대의 모습 여하에 걸려 생기는 희비, 상대가 나의 모습 여하에 걸려 반응해 옴으로써 생기는 희비로 요약할 수 있습니다. 이때 희(喜)는 나의 행복이요, 비(悲)는 나의 불행입니다.

인생이 행복지향이라 볼 때 희(喜)가 많을수록 좋을지언정 비(悲)가 많다면 유감입니다. 대상이 나를 괴롭히는 것은 마치 내 몸에 꽂히는 화살과 같습니다. 어떻게 비(悲)의 양과 정도를 줄이느냐 하는 것은 행복론을 말함에 있어서 중대 주제입니다. 인간관

계에서 비(悲: 불행)의 양과 정도를 줄이는 묘책을 명상 주제로 삼아
봅니다.

불 행 을 줄 이 는 묘 책

세상의 많은 사람이 사람으로 인해 많이 시달리면서도 시달리며
사는 것이 당연한 인생이라고 여기는 경향이 있습니다. 그런 나머
지 그 시달림에 대한 대책을 세우지도 않습니다. 가음공부 부재
현상이지요.

　　결론부터 말하자면 인간관계에 어떤 불편한 가음이 일어나
면 즉각 발동되는 특공대를 마음의 한 모퉁이에 상설시켜 놓고,
관계에서 불편 정서가 일어났다 하면 즉각 특공대를 투입하여 불
편 정서를 해결해버리는 것입니다. 도학적 인격 수준이 높은 사람
일수록 다양한 특공대를 시설해 놓고 마음의 평화관리를 민첩하
게 해내고 있을 것입니다.

　　특공대란 무엇일까요? 어떤 상황이 벌어졌다 하면 그 상황
의 대응에 적절한 신념체계입니다. 간단한 촌철(寸鐵) 일반이 그것
입니다. 좌우명일 수도 있고, 가훈일 수도 있고, 잠언(箴言)적인 속

담일 수도 있고, 사자성어적인 교훈의 말씀일 수도 있습니다. 바로 중대한 지혜바라밀(智慧波羅蜜)이지요.

인간만사 새옹지마(人間萬事塞翁之馬), 역지사지(易地思之),

인자무적(仁者無敵), 우공이산(愚公移山),

지족구현(知足具現), 간이문(簡而文),

어느 구름에 비 내릴지 모른다,

웃는 얼굴에 침 뱉으랴,

화안애어(和顔愛語), 진공묘유(眞空妙有),

없어도 일곱 가지다, 수주지고(守柱之固),

자비무한(慈悲無限), 인욕무한(忍辱無限),

말 한 마디로 천 냥 빚 갚는다,

가는 말이 고와야 오는 말이 곱다,

천재란 반복이 낳는다,

내 인생 복습만으로 충분하다,

일이관지(一以貫之), 지족제일부(知足第一富),

내 사전에 불가능은 없다, 하면 된다,

저질러라, 제쳐라,

되는 것을 세어라,

윗물이 고와야 아랫물이 곱다,

하루에도 열 번 된다,

오늘 만난 선비 삼일 전 선비로 보지 말라,

응무소주이생기심(應無所住而生其心),

실수하는 것이 사람이다,

행동은 일회적이요 인격은 다발이다,

'나' 하면 사라지고 '너' 하면 빛난다,

일곱 번에 일흔 번을 용서하라,

본지풍광(本地風光),

본래청정(本來淸淨)

등등등 가히 무수한 지혜바라밀이 있습니다.

미움 극복하기

필자의 경우는 내관법(內觀法)과 외관법(外觀法)이라는 강력 특공대가 있습니다만, 이 글에서 드러내고자 하는 것은 두 가지 정도의 간단한 촌철입니다.

사람을 바라보면서 어떤 모습이 안타깝다면(밉다면) '그의 역사적인 아픔(業: 업)일 수 있다'라고 생각하는 것입니다. 내가 안타까워하는 그의 그 모습은 그의 깊은 업의 소산이기 때문에 그이 스스로도 쉽게 개선하지 못하는 고충어린 아픔의 역사일 수 있습니다.

필자가 대중선방 생활을 주로 하던 젊었을 때의 일입니다. 공양(식사) 때마다 나를 괴롭히는(?) 한 사안이 있었습니다. 바로 곁에 앉은 후배스님이 식사를 할 때 콧바람 소리를 내는 버릇이 있는 거예요. 그것도 한두 번이 아니라 잦은 빈도로 그러는 것입니다. 처음에는 귀에 거슬리는 정도였는데 급기야는 사람이 미워지기까지 했습니다. 결국은 참지 못하고 "모모 스님은 그 콧바람 소리를 안 낼 수 없어요?" 하고 다소 역정어린 목소리로 표현하기에 이른 것입니다.

그 스님 왈, "제가 그렇지요? 어렸을 때부터 그 버릇을 잡아 주려고 부모님이 상당히 애썼는데 고쳐지지 않더라고요." 하는 거예요. 나는 순간 '아하' 하는 한 자각이 왔었지요. 그 말을 들은 다음부터 식사 시간에 그 스님의 콧바람 소리는 여전했지만 내 마음은 평화로워졌습니다. 도리어 어떤 연민과 우호감까지 생기는 거예요. 그 단순한 콧소리 내는 버릇 하나에 그 사람의 고충어린 삶의 역사가 있었구나 하며 일파만파로 세상의 무수한 사람들이 그러할 게 아닌가 하는 이해체계가 내 의식공간에 확연한 지혜 하나로 시설되었습니다. 상대방이 보다 아름다운 모습을 갖추어 주면 좋을 일이지만 바라보는 나로서는 그 안타까운(?) 모습이 나를 괴롭히는 화살이 되게까지 한다는 것은 나의 어리석음입니다. 가히 무수한 경우에 '그의 아픔이지 않겠느냐!' 하는 한 촌철이 사람을 바라보는 내 마음의 평화에 기여해 왔던 것을 기억하면서 나누어봅니다.

상대방의 존재 모습이 나를 괴롭히는 화살이 되기도 하지만, 상대의 언행이 직접 나를 괴롭히는 경우야말로 제대로의 화살이지요. 쉽게 표현해서 공격을 받은 경우에 마음의 평화 관리를 어떻게 하느냐 하는 문제입니다.

나의 경우는 경계와의 관계에서 갈등이 생길 때에는 항상 스스로를 돌아봅니다. 자기를 돌아본다는 것은 참으로 좋은 평화의 길임을 그런 경우에 처했을 때마다 번번이 느낍니다. 즉 '다 내 부덕의 소치다.'라고 생각하는 것입니다. 사실 덕이 넘치는 사람을 향해 공격하는 예는 드물지요. 덕불고(德不孤)입니다. 경계와 갈등 상황에 대상을 탓하는 사람을 많이 봅니다마는 그 마음이 이해는 되나, 아니다 하고 고개 저어집니다. 스스로를 돌아본다는 고인의 말씀이 중천금의 덕목임을 살아갈수록 절감하게 됩니다.

상대방이 미워지려 하면 상대의 아픔의 역사를 떠올리고, 내가 미움을 받을 때는 나의 부덕(不德)을 돌아본다는 것, 참 좋습니다.

돌멩이가 설법을 한다

−법신설법(法身說法)

모래알 하나가 법신이요, 설법을 하고 있다면 우리는 모래알 하나를
대함에 경건해야 합니다. 하물며 사람에 이르러서는 그 지극한 경건함이
옷깃을 백 번 여미는 자세라야 할 것입니다.

법신설법(法身說法)! 어떻습니까? 법신설법이라는 말의 의미가 확 와 닿습니까? 이 주제를 우선 자등명의 불빛 밑에서 다루어봅시다. 권위 있는 가르침에 의지해서 해결하고자 하는 것은 법등명(法燈明)적인 자세입니다. 일단은 법등명(法燈明)적이라야 하겠지만 결국은 자등명(自燈明)적이어야 한다는 것을 깊게 유념해야 합니다. 경전이나 스승에게 의지해서 들어오는 말씀은 법등명이지만 그것을 이해해서 활용하는 것은 결국 자등명입니다.

법신이 설법을 한다는 것은 무엇일까요? 법신이란 세상에 존재하는 유형무형(有形無形)의 모든 것입니다. 그 모든 것들이 설법을 하고 있다는 말입니다. 돌멩이 하나가, 잡초 하나가, 흐르는 구름이, 무심히 서있는 돌장승이, 방긋 웃는 아이의 얼굴이, 에헴 하

고 헛기침을 하면서 엉거주춤 걸어가는 할아버지가 설법을 하고 있다니 무슨 설법을 하고 있을까 궁금하지 않으십니까?

선재동자가 뒷산에 올라가 약초 아닌 풀을 한 포기 찾고자 했으나 억 만 가지의 풀들이 모두 다 약초인지라 빈손으로 내려온 이치입니다. 문수보살님께서 선재동자에게 낸 숙제는 세상에서 진리(法) 아닌 것을 한두 개 제시해 보라는 것입니다.

모든 존재가 다 설법을 하고 있다

만일에 약초 아닌 풀을 제시했다면 선재는 낙제가 되는 상황입니다. 다행히 선재는 진리 아님이 없다고 답함으로써 스승을 만족시킨 것입니다. 같은 이야기입니다. 세상에서 설법을 하고 있지 않는 존재를 말하라 함에 "유형무형의 모든 존재가 다 설법을 하고 있다."가 정답입니다.

그렇다면 진리 아님이 없음은 무엇을 의미하고, 두두물물(頭頭物物)이 설법을 하고 있다는 말은 무슨 뜻일까요? 두두물물이 어찌 설법을 할 수 있겠는가, 혹은 존재하는 것들은 그냥 초월적으로 존재하고 있을 뿐이야 해버릴 수도 있습니다.

그러나 사람은 단순한 듯한 그 모든 것에서 의미를 발견하기도 하고 의미를 부여하기도 하면서 가치를 창출합니다. 어리석은 자 앞에 놓인 세상은 무심한 물리적인 공간이지만 지혜로운 이 앞에 놓인 세상은 무궁한 가치와 의미의 보고(寶庫)입니다.

젊은 수좌 시절, 경전을 읽다가 법신설법이라는 말을 발견하고 묘한 충격을 받음으로 해서 '법신이 설법한다'는 의미에 관심을 갖게 되었습니다. 아직 법신의 개념에 대해서도 의미가 확연하지 않았는데도 어떤 매력을 느끼게 되었지요. 법신의 개념이 보신, 화신 등에 대한 어떤 상대 개념이라기보다는 일심법계(우주)의 두두물물을 통틀어 법신이라 한다는 정도로 뜻을 잡아가면서 '저 돌멩이가 설법을 한다는 말이 무슨 뜻일까?' '저 나무가 설법을 한다는 말이 무슨 뜻일까?' 하고 의문을 지닌 채 이 절 저 절, 이 산 저 산 만행을 하던 시절입니다.

경남 안의에서 버스를 타고 함양을 향해 가고 있을 때 문득 차창 밖에 여러 산야가 스쳐가는 것을 무심히 바라보다가 '저 산이, 저 들이 설법을 하고 있다?' 하고 예의 궁금함이 일어나는 순간 모든 산야, 모든 초목이 설법을 하고 있다는 것이 아하 하면서 수긍되어졌습니다.

그 때까지의 세상은 단 색, 단 차원으로 나열되어 있었다면 그 뒤부터의 세상은 생생하게 빛나는 모습으로, 무수한 중(重) 차원으로 진동하는 듯 표상되었지요. 오해가 없을 것은, 화두를 들고 있다가 화두가 타파된 것을 의미하는 것이 아니고 그 체험을 그대로 묘사하기가 쉽지는 않으나 얼마든지 이론적으로 납득할 수 있는 심리상태입니다. 의미부여의 심리과정을 심도 있게 치르다 보면 누구나 체험이 가능한 것이지요.

예컨대 무심히 서있는 소나무 한 그루 속에는 심장한 초월적인 풍광이 들어있는가 하면 그 침묵, 그 고요, 그 흔들림, 그 곧음, 그 균형 등등의 모습은 얼마든지 설법의 의미로 다가오는 것입니다. 여러 사람이 앉아서 이 법신설법의 주제로 시간을 가진다면 진정 무수하고 다채로운 의미가 들어있음을 알게 될 것입니다.

존재하는 모든 것이 그대로 법신불

그렇다면 이러한 법신설법과 같은 부처님 가르침이 우리의 실생활에 어떤 의미를 지닐까요? 그 의미는 삶의 모든 영역에 즉하여 가히 무수합니다. 무한 우주에 존재하는 유형무형의 모든 것들이 법신이라는 점과 그 무수 법신이 중생의 이고득락에 도움이 되는 긍정적인 의미를 무수하게 지니고 있다는 관점을 가지고 사는 것

〔正見〕과 그렇지 않은 것 차이를 비교해 보면 됩니다. 우리의 가정 공간, 우리의 나라, 우리의 지구, 우리의 우주를 그냥 물리적인 공간으로 바라보는 관점이 좋을까요, 법신이라는 신성체(神性體)로 바라보는 관점이 좋을까요? 선택문제이겠지만 권장하기로는 단연 후자입니다.

사람만을 예로 들어보아도 좋을 것 같습니다. 사람은 이미 법신이며, 무수한 법신들과 더불어 살고 있습니다. 부처님의 가르침은 한결같이 이고득락(離苦得樂: 成佛)을 목적으로 펼쳐집니다. 지금의 주제인 법신설법도 우리 모두의 행복, 해탈을 위한 방편으로 수용되어야 할 것임은 당연한 일입니다.

거듭 말하지만 중차원(重次元)이라는 말을 깊게 유념해야 합니다. 단순한 물건 하나를 물리학적으로 천착해 들어가더라도 그 차원이 무궁하며, 끝내는 알 수 없는 신비의 미궁(迷宮)에서 쩔쩔맬 수밖에 없는 것 아닙니까? '하물며 사람일까 보냐!' 하고 생각되어집니다. 모래알 하나가 법신이요, 설법을 하고 있다면 우리는 모래알 하나를 대함에 경건해야 합니다. 하물며 사람에 이르러서는 그 지극한 경건함이 옷깃을 백 번 여미는 자세라야 할 것입니다.

나의 가족, 나의 이웃이 아무리 안타까운 모습으로 비쳐오더라도 정신을 차리고 그 법신(法身)님이 어떤 설법을 하고 있는가를 유의한다면, 그 안타까운 모습은 그 사람의 일부분 중 일부분이요, 그이의 전반적인 모습은 대 긍정으로 비쳐질 것입니다. 반 컵의 물은, 반 컵밖에 없음을 설하기도 하지만 반 컵이나 있음을 설하기도 하는 법, 비쳐오는 세상의 어떤 국면이든지 우리들이 취할 수 있는 보다 좋은 수준의 의미를 발견하고 부여할 필요가 있습니다.

법신설법이라!
존재하는 모든 것이 그대로 법신불이요,
심장(深藏)한 장엄(莊嚴)인 것을…!

대화의 소재

생활수행이라 할 때 흔히 염불이나 참선이나 기도나 간경 등을 먼저 떠올릴 수가 있습니다. 좋습니다. 그러나 불자의 생활수행에는 자기 자신의 사는 모습이 얼마나 8정도(八正道)에 계합되고 있는가를 관찰하는 것이 최우선일 것입니다.

"지금의 내 마음은?", "지금 내가 하고 있는 말은?", "지금 내가 행하고 있는 행동은?" 하고 자기 자신을 관찰하고 감독하는 것 말입니다. 이번에는 언어생활에 대해서 명상해 보겠습니다만, 그날그날, 순간순간의 자기 자신이 살고 있는 사언행(思言行)에 깨어 있으면서 더욱 8정도에 맞게 다듬어 가려고 하는 마음가짐은 생활수행의 기초가 되어야 합니다. 말을 통해서 사람과 사람 사이에 다리가 놓임으로써 관계가 형성되고, 관계 형성을 통해서 사람 사이의 공동체가 만들어집니다.

그런데 말을 나눈다는 것이 늘 좋기만한 것이 아닙니다. 말 때문에 도리어 관계가 나빠지는 예가 많으니 보다 바람직한 말이 요청되는 것입니다. 그래서 부처님께서는 여덟 가지 삶의 실천 덕목을 정하심에 그 하나의 덕목으로 바람직한 말하기(正語)를 제정하신 것입니다.

일반적으로 사람은 참으로 많은 말을 하고 삽니다. 한 사람이 365일 입을 통해 한 말을 녹음기에 녹음을 하고, 녹음된 그 말을 녹취하여 책으로 엮어 놓는다면 그 분량이 얼마나 될까요? 방대한 양이 될 것입니다. 그 방대한 양의 말들 중에 진정 유익했던 말은 얼마나 될까 생각해 볼 필요가 있습니다. 하루하루 '내 입에서 뱉어진 말이 상황, 상황에 얼마나 적절한가?' 하고 말입니다. 물론 보다 적절한 말을 하고 살 필요가 었겠지요.

적절한 말이라 하더라도 그 소재는 다양할 것입니다. 골프 좋아하는 사람은 골프 이야기를 많이 할 것이고, 사업가는 사업 이야기, 정치가는 정치 이야기, 남편 이야기, 자녀들 이야기, 시부모 이야기, 남자 이야기, 여자 이야기, 음식 이야기, 술 이야기, 마약 이야기, 각종 오락 이야기, 여행 이야기, 주변 잡사에 관한 이야기 등등 말입니다.

영성을 살찌우는 대화를 하라

주고받는 대화의 소재를 관찰해 보면 그 사람을 더욱 잘 이해할 수 있으며, 대화의 소재를 의도적으로 선택함으로써 원하는 인격을 길러갈 수도 있습니다. 대화의 소재를 어떤 유형으로 하느냐에 의해 사람의 인격이 결정된다는 점을 유념하면서 필자가 간곡히 권장하는 대화의 소재 하나가 있습니다. '마음공부에 관한 것을 대화의 소재로 해 보자'는 것입니다.

물론 목적이나 상황에 따라 대화의 소재는 다양하겠지만, 우리의 영성을 살찌우는 마음공부에 관계되는 소재가 대화의 장에서 자주 나누어지게 하자는 것입니다. 사람이면 누구나 마음을 크게 해탈시키고 큰 자비로 채워지게 해야 할 터, 그러기 위해서는 개인적으로는 꾸준히 마음공부를 해야 할 것이고, 사람들과 대화의 자리를 갖더라도 가능한 한 대화의 소재를 마음공부에 관계되는 것으로 선택함이 좋을 것입니다. 자칫 많은 대화의 시간을 별 유익함도 거두지 못한 채 습관적으로 임하고 있다든지, 아니면 자기의 의도와는 달리 상대의 이야기에 끌려 별 의미 없는 시간을 보내고 만다든지 하는 일은 없는지 늘 살펴볼 일입니다.

대화의 소재를 유념하면서, 그때그때 만나는 자리를 영성적으로 유익하게 꾸며보려는 사람이 극히 드물다는 것을 나는 경험으로 잘 알고 있습니다. 어찌 보면 슬픈 일이지요. 많은 경우, 만나는 사람들에게 마음공부에 유익한 자리가 되도록 유도하기도 해 보지만 힘겨운 일입니다.

인생이란 어느 시점에서 어느 시점까지의 시간을 의미할진대, 별 유익하지도 않은 이야기 거리로 많은 시간을 허송한다는 것은 지혜로운 일이 아닙니다. 대화의 자리에는 항상 소중한 생명의 시간이 담보로 잡혀질 수밖에 없는 법, 가능한 한 유익한 자리가 되어야 할 것이며 특히 영성적으로 유익한 자리가 된다면 더욱 좋을 것입니다.

깨어 있는 언행은 업을 정화한다

"백 년 동안 재물을 탐하여 모은다 해도 하루아침에 티끌로 변해 버리지만, 삼일 동안 마음을 닦는 것은 천년의 보배가 된다(百年貪物 一朝塵 三日修心千載寶)", "마음공부에 도움이 되는 말이 아닐 경우에는 차라리 침묵으로 시간을 보내라(不說餘事)" 등의 불조의 교훈을 음미하면서 귀한 생명의 시간을 공부와 연관되지 않는 이야기로 허송할 일이 아닙니다.

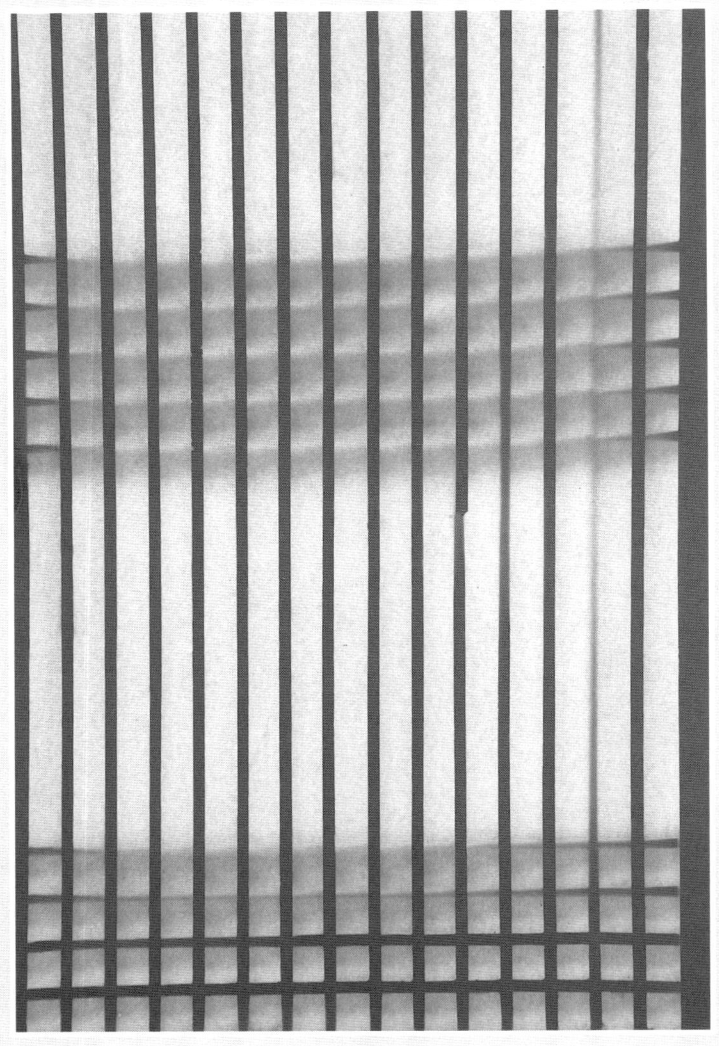

습관적인 언행은 업을 강화시키지만 깨어 있는 언행은 업을 정화하는 법,
대화의 소재를 수심에 부합되는 것으로 선택하는 것은 지극히 깨어있는 일일 것입니다.
생사의 일은 막대하고, 무상한 시간은 빠르기만 합니다.
진정, 영성 대화만 나누려고 해도 시간이 너무 부족한 것이 인생입니다.

습관적인 언행은 업(業)을 강화시키지만 깨어 있는 언행은 업을 정화(淨化)하는 법, 대화의 소재를 수심(修心)에 부합되는 것으로 선택하는 것은 지극히 깨어있는 일일 것입니다. 별로 의식하지 않아도 자주 되어지는 말이나 습관적으로 하고 싶은 말은 재미는 있을지 모르지만 대체로 업의 강화가 따를 뿐입니다.

상구보리에 대해서, 수도 방편에 대해서, 수행 체험에 대해서, 위대한 공부인들의 일화에 대해서, 자비에 대해서, 봉사에 대해서, 인욕의 기쁨·베풂의 기쁨에 대해서, 참회에 대해서, 보살도에 대해서, 부처님의 생애에 대해서, 각종 교리에 대해서 등등 우리 불교인이 나누어 봄직한 영성적 대화거리는 가히 무수합니다.

내가 가끔 활용하는 방법입니다만, 불교인끼리의 자리라면 "우리, 잠시 삼보에 대해서(혹은 오계, 4성제, 십이연기, 삼학, 8정도, 육바라밀에 대해서 등) 서로 5분 설법을 해 보기로 할까요?" 하면서 유익한 자리를 유도해 봐도 좋을 것입니다.

생사의 일은 막대하고(生死事大), 무상한 시간은 빠르기만 합니다(無常迅速). 진정, 영성 대화만 나누려고 해도 시간이 너무 부족한 것이 인생입니다.

10분 명상 10분 해탈

순간의 해탈이란 문득문득 탐욕이나 분노가 일어나 마음의 청정을 해치고 있을 때
한 생각 돌려 탐욕과 분노를 정화해 가는 것이겠고, 하루의 해탈이란
하루의 어느 시간에, 별시선(別時禪)으로 10분이든, 30분이든, 60분 이상이든
시간을 내어 명상을 함으로써 자아감이 사라져버리는 것입니다.

해탈(解脫)! 해탈이란 온 중생이 탐진치(貪瞋癡) 삼독(三毒)에서 벗어나 이고득락(離苦得樂)하는 것이라는 정도로 정의해도 좋을 것입니다. 불교인이라면 누구나 해탈을 원합니다. 이번에는 해탈이라는 개념과 연관해서 두 가지 정도의 유의점을 명상해 보았으면 합니다.

해탈과 불해탈(不解脫)은 표기함에 있어서는 이분법(二分法)이지만 사실에 있어서는 무한분법(無限分法)이라는 점을 유념하는 것이 좋습니다. 유무·선악·미추·빈부·귀천·음양·대소·다소·경중·냉온 등 무수한 이분법적인 표현들은 편의상 표현이 그러할 뿐 사실에 있어서는 무수한 단계로 나뉠 수 있는, 정도의 더하고 덜함이 있을 뿐입니다. 해탈과 불해탈도 그러합니다.

수 행 만 큼 성 취 되 는 해 탈

많은 것이 정도의 문제라면, 경우에 따라서는 흑백적 이분법의 의미로 표기해야 할 경우가 없다는 것은 아닙니다만, 우리가 해탈을 생각할 때에 경전에 무수히 표기되어 있는 이분법적인 개념들을, 사실에 있어서는 무한분법이라고 이해하는 것이 좋습니다.

다시 말하면, 한 세월 수행을 한 다음에 어느 순간 문득 해탈이 이루어지는 것이 아니라 수행을 하는 정도만큼 해탈이 성취된다는 것입니다. 이에 순간순간의 해탈, 하루하루의 해탈을 유의하며 귀히 여겨야 합니다. 물론 궁극의 해탈을 위해서 염불이든 화두든 여타 각자가 인연된 공부 주제에 평생 매달리겨 몰입해 가기도 해야 하지만 말입니다.

순간의 해탈이란 문득문득 탐욕이나 분노가 일어나 마음의 청정을 해치고 있을 때 한 생각 돌려 탐욕과 분노를 정화해 가는 것이겠고, 하루의 해탈이란 하루의 어느 시간에, 별시선(別時禪)으로 10분이든, 30분이든, 60분 이상이든 시간을 내어 명상을 함으로써 자아감이 사라져버리는 것입니다.

해탈도 여러 차원으로 논의해야겠지만 일단 자아감이 사라질 때 느껴지는 개운한 무아감이야말로 가장 일차적인 해탈일 것입니다. 필자의 경우 지고한 지복(至福)감을 느끼고 있을 때 스스로를 관찰해 보면 단연 무아관이 전제된 무아감(無我感)이 바탕되어 있음을 봅니다.

10분 명상법

어떻습니까, 여러 불자님들? 10분 정도의 시간을 주면서 마음을 지고한 천국으로 만들어 보라는 주제의 마당이 있다면, 그 10분 동안에 마음을 어떤 식으로 운영하여 최고의 천국으로 해탈시킬 수 있겠습니까? 나의 경우는 여러 명상도구들이 있습니다만, 무아관(無我觀)이라는 명상 도구를 자주 활용합니다. 일상선(日常禪)이든 별시선이든 주바라밀(主波羅蜜)로는 아미타불을 염하면서 실상(實相)인 돈망법계(頓忘法界)를 관조하는 것이지만, 문득문득 무아관으로 자아가 본래 공함을 확인하곤 합니다.

특히 무아관은 불교의 핵심 법문인 삼법인의 하나이니 불교인이라면 숨을 쉬고 밥을 먹듯이 관행(觀行)되어져야 합니다. 반야심경의 핵심이 무아임을 확인함으로써 모든 고통에서 해탈하는 것(照見五蘊皆空 度一切苦厄)이 아닌가요? 무아관을 막연하게 어렵다고 여기는 분들이 많습니다만, 다소의 노력을 하노라면 참으로 당연하고 쉬운 것이 무아관임을 알 수 있습니다. 모든 이치가 그러하 듯 무아관은 모를 때 은산철벽과 같이 느껴질 뿐이지, 알고 보면 대단히 상식적입니다. 짧은 지면에 얼마나 설명될지 모르겠습니 다만 여러 무아관 중에서 분석고공(分析故空)법을 들어서 설명해 보 겠습니다.

해탈의 도구 – 무아관(無我觀)

자아란 중생이 스스로의 관념 속에 만들어 놓은 한 덩어리의 막연 한 염체(念體)입니다. 막연하게 만들어 놓은 염체를 '나, 나' 하며 더욱 강화하면서 살아가는 것이 중생놀음이지요. 중생놀음에서 벗어나 부처가 되고자 한다면 오직 '나, 나' 하는 자아관념에서만 벗어나면 됩니다.

어떻게 하느냐고요? 『나선비구경(那先比丘經)』을 떠올리십시오. 수레를 한 덩어리로 볼 때는 '수레'이지만, 분석해서 볼 때는 수레 라는 실체가 본래 없는 이치입니다. '나(자아)'를 한 덩어리로 보지 말고 분석해서 제대로 보는 것입니다. 즉 '나'라고 관하지 않고, 나를 분석하면 오온(五蘊), 곧 색수상행식(色受想行識)이니 색수상행식으로 관하는 것입니다.

더 나아가서 색(몸)은 지수화풍(地水火風)이니 '나'라는 자아 덩어리를 '나 라는 한 덩이'로 관(觀)하지 않고, 지-수-화-풍-수-상-행-식 등 여덟 조각으로 분해해서 관하는 것입니다. '나'라는 것이 그 여덟 가지 정도의 구성요소이니 지(地)를 나라고 할 수 있겠는가? 아니야, 지(地)는 지(地)일 뿐 나라고 할 수 없다. 수(水)가 나인가? 아니다. 수(水)는 수(水)일 뿐 나라고 할 수 없다. 화(火)가 나인가? …. 식으로 명상이 되면서 결국에는 이 몸과 마음의 가합체인 존재가 자아로 느껴지지 않고 점점 무아로, 무실체로 느껴지게 됩니다.

자아를 이처럼 그 구성 요소들로 나누어 관조하다 보면 그 구성요소 어느 것도 자아라고 할 수 없는 허망한 것이라는 것을 깨달음으로써 '나'를 자아로 느끼던 자아감은 사라지고 자아의 실체가 공한 몽환포영로전(夢幻泡影露電) 등으로 느끼면서 자아가 사라진 무아감, 내지 해탈감을 느끼게 됩니다.

수세기 동안 한국불교의 수행관이 안타깝게도 일확천금주의가 문화적으로 의식화되어 순간순간, 하루하루의 8정도적인 수행공덕을 향유할 수 없게 되어져 온 것은 유감이 아닐 수 없습니다. 부처님 시대의 근본불교나 근본불교를 가장 근사하게 이 시대에까지 견지하고 있는 남방불교를 관찰해 보면 순간순간, 하루하

루를 부처님의 기본 가르침으로 장엄함으로써 수행한 정도의 행
복·해탈을 살았고, 살고 있음을 알 수 있습니다.

　　무아의 이론적인 이해는 간단하지만 반복해서 관행해야 합
니다. 명상 주제로 반복 관행해 봄으로써 해탈감을 '느낌'으로 느
끼게 됩니다. 각자 주(主)바라밀을 가지고 있더라도 투철한 무아관
에 의한 해탈감의 바탕 위에 몰입해 감이 공부 효율을 한결 높여
갈 것이라 믿습니다. 순간 해탈, 10분 해탈의 도구로서 무아관을
철저히 해 가시도록 다시 한번 권장하며 여러분들의 지고한 해탈
을 기원합니다.

110 발상, 삶과 가치관

110 발상을 떠올립니다. 사람은 태어남 자체로, 즉 삶 자체로 이미 100이요,
평생 무엇인가를 작위(作爲)함으로써 나머지 10을 채워
110이라는 완성에 이르는 것입니다.

세 상 에 서   제 일   귀 한   진 리 - 삶

세상에서 제일 귀한 진리는 무엇일까요? 단도직입으로 정답 하나
를 말한다면 '삶 자체', '인생 자체'입니다. 어떻습니까? 여러분
의 '삶'말입니다. 그 삶 자체를 제해두고 더 우선한 진리를 말할
수 있겠습니까? 그 어떤 좋은 것도 자신의 삶이 있고 난 다음에
의미가 있습니다. 삶이 모든 것에 우선하는 의미요, 가치요, 진리
입니다.

　　부처님의 제1 주제인 이고득락(離苦得樂)이나, 달마 스님의 즉
심즉불(即心即佛)이나, 마조 스님의 여즉시불(汝即是佛) 등을 가만히 명
상해 보면 삶 자체가 핵심 진리임이 확연하게 드러납니다. 지금

여기 이렇게 삶으로 숨 쉬고 있는 이 실존(實存)에 깊은 의미 파지(把持)를 못한다면 선불교의 선지(禪旨)들은 영원히 그림의 떡과 같을 것입니다.

사람의 의지의 영역이 아닌 삶 자체가 하드웨어라면 지성과 의지로 운영되어지는 삶의 내용은 소프트웨어입니다. 필자는 가끔 110 발상을 떠올립니다. 사람은 태어남 자체로, 즉 삶 자체로 이미 100이요, 평생 무엇인가를 작위(作爲)함으로써 나머지 10을 채워 110이라는 완성에 이르는 것입니다. 하드웨어적인 삶 자체로 이미 100인 것이니 나머지 10을 이루고자 하는 마음 때문에 이미 확보된 100의 대(大) 긍정을 놓쳐서는 안 되지요.

그러나, 100의 의미인 삶 자체가 그토록 중요하기는 하나 그 삶의 내용이 좋지 않다면 어떻겠습니까? 병들고 가난한 삶, 여러 장애로 꼬이는 삶, 소망하는 것이 성취되지 않는 삶, 원치 않은 일을 하고 살아야 하는 삶, 각종 재난으로 고통이 이어지는 삶 등 차라리 죽음이고 싶은 삶 말입니다. 그래서 사람들은 삶 자체의 소중함을 고려하기 어렵고, 다양한 측면으로 삶에 집착하게 됩니다. 요컨대, 삶 자체의 소중함을 잊지 않아야 한다는 점, 그리고 삶의 내용을 충실히 운영해야 한다는 점을 깊게 유념해야 합니다.

인생의 핵심적인 길 - 정견 (正見)

자, '삶'입니다. 하드웨어에 해당하는 삶 자체는 인위(人爲)권이 아니므로 어쩔 수 없다고 치고 소프트웨어에 해당하는 삶의 내용을 풍요롭게 엮어가는 일은 우리의 지혜와 의지권에 있으니 다행이 아닐 수 없습니다. 어떻게 10의 의미인 소프트웨어적 삶을 보다 풍요롭게 영위할 수 있을까, 이것이 현실적으로 중대한 문제입니다.

이 문제에 대한 답은 다양하게 이야기 될 것입니다. 인생을 풍요롭게 엮어가는 길의 전반을 명상한다는 일은 또 하나의 주제로 넘기고, 그 길의 핵심적인 것이 무엇이냐 하는 것을 주제로 명상해 봅시다. 즉 인생을 풍요롭게 영위하는 핵심적인, 혹은 제일 중요한 길은 무엇이냐 하는 것입니다. 물론 이 설문에도 다양한 답이 있을 것입니다만 석가모니 부처님의 가르침을 기준으로 본다면 단연 바른 가치관 정립, 곧 정견(正見)입니다.

부처님께서 대각을 성취하시고 천하에 법을 펴실 때, 여덟 가지의 길, 곧 정견(正見), 정사유(正思惟), 정어(正語), 정업(正業), 정명(正命), 정정진(正精進), 정념(正念), 정정(正定)의 8정도를 실천 덕목으로 내놓으셨습니다. 그런데 그 여덟 가지 중 제 1번을 정견(正見: 바른 가치관)으로 정하신 것을 명상적으로 음미해야 합니다. 8정도(八正道)에서 정견(正見)을 도체(道體)라 하고 나머지 일곱 개의 덕목을 도지(道支)라고 함의 의미도 가만히 사유해 볼 필요가 있습니다.

무아(無我)를 삶의 현실로!

팔만대장경이란 부처님의 가르침이 8만여 개가 된다는 뜻이요, 부처님의 가르침이란 바로 천하에 대한 바른 지혜, 바른 견해 곧 정견(正見)을 의미합니다.

어떻습니까? 여러분들은 그 많은 정견 체계들 중에서 어떤 정견의 가르침을 받아들여 자신의 가치관으로 익히고 있습니까? 익혀진 그 정견을 얼마나 삶으로 살고 계십니까? 예컨대 부처님의 정견 가르침 중에서 가장 손꼽히는 제법무아(諸法無我)를 하나 들고 스스로를 돌아볼까요?

우리 불교인에게 있어서 무아는 정견 중에서 정견입니다. 그러므로 불교에 입문한 지 한 3년 정도만 되면 무아(無我)는 자신과 떼어놓을 수 없을 정도의 가치관으로 익혀져야 하며, 무아(無我)를 삶의 현실로 충분히 살고 있어야 할 것입니다.

이처럼 다양한 불조(佛祖)의 가르침이 살아 있는 활구(活句)가 되도록 깊게 받아들여 가치관(정견)으로 정립하고, 보다 깊은 명상을 통해 초점이 선명한 가치관이 되게 하며, 명실 공히 구체적인 삶의 기준이 되게 하는 것이 생활수행의 기초일 것입니다.

임장(臨場) 기초 신념 3박자

어떤 가장이 가족과 더불어 존재하는 가정 공간을 천국으로 만들겠다는 신념을
기본적으로 가지고 있다면 그 가정의 분위기가 어떠할 것 같습니까?

인생이란 순간순간 어떤 공간(場)에 처하여(臨) 어떤 역할을 하는 과정으로 엮어집니다. 혼자 방안이나 사무실에 있을 수도 있고, 누군가와 더불어 시간을 보내는 자리에 있을 수 있고, 많은 대중 속에 있으면서 어떤 역할을 할 수도 있습니다.

여러분은 어떤 장(場)에 임(臨)하고 있을 때 기본적으로 어떤 마음가짐으로 존재하십니까? 집에서 가족과 더불어 있을 때 혹은 직장에서 동료직원들과 더불어 있을 때, 그 공간의 그 상황에 대해 어떤 마음가짐을 가지고 있습니까? 물론 혼자 있는 공간도 마찬가지입니다. 그냥 멍하게 있기도 할 것이고, 무엇인가 생각도 할 것이고, 습관대로 이것저것 떠오르는 생각을 할 수도 있을 것이고, 그 자리에서 해야 할 일을 생각하는 등등 하겠지요? 그

러나 그보다 더 기본적으로 지니고 있으면 좋음직한 마음가짐 말입니다.

나는 주인이다.
이 자리를 천국으로 만들리라!

'이 자리를 천국으로 만들리라!'
어떻습니까? 자기가 임한 공간을 천국으로 만들리라 하는 마음으로 있다는 것, 좋지 않습니까? 사실상 이것은 억지가 아니고 당연한 순리입니다. 인생이 '나와 우리 모두의 행복'을 위해 무엇인가 하는 과정이라는 것이 당연한 순리라면 자신이 이 순간에 처한 이 공간을 행복한 공간, 곧 천국으로 만들고자 하는 마음 또한 당연한 순리적 마음가짐 아닙니까?

어떤 가장이 가족과 더불어 존재하는 가정 공간을 천국으로 만들겠다는 신념을 기본적으로 가지고 있다면 그 가정의 분위기가 어떠할 것 같습니까? 마찬가지로 기업체의 CEO가, 학교의 선생님이 그러하다면 그 소속 공동체가 어떠할 것 같습니까? 어찌 CEO나 웃어른에 국한할 일이겠습니까? 우리 집 막내둥이가, 말단 신입사원 하나가 그런 마음가짐으로 내 가정 공간에, 내 사무실 공간에 매 순간 그리고 하루하루를 그러한 마음으로 임한다면, 어찌 천국을 멀리에서 찾겠습니까?

임장의 기초 신념이 그러한 사람은 얼굴 표정부터, 말씨 하나 행동거지 하나가 다를 것입니다.

자기가 처해 있는 공간을 천국으로 만들겠다는 마음가짐을 가진 이가 바로 주인입니다. 가능하다면 '나는 있는 곳의 주인이다.'라는 기초 신념도 좋습니다. 필자의 경우는 '나는 있는 곳의 주인이다.'를 임장 기초 신념으로 가질 뿐 아니라 내 좌우명 1호입니다.

임장 기초 신념 1: '나는 있는 곳의 주인이다.'

임장 기초 신념 2: '이 자리를 천국으로 만들티라!'

위와 같은 식으로 번호를 매겨도 좋을 것입니다. '나는 주인이다.' '나는 활불(活佛)이다.' 얼마나 좋습니까? '활불인 나는 천하를 불국토로 만들리라!' '우주의 주인인 나는 내 가정을, 내 직장을, 내 공동체를, 내 나라를, 이 지구를, 나아가 무한 우주를 천국으로 만들리라!' 참 좋습니다.

나부터 천국이 되리!

그리고 임장 기초 신념을 하나 더 보태볼까요. '나부터 천국이 되리!' 입니다. 뭐니 뭐니 해도 자기가 변해야 세상이 변하는 법입니다. 대승적으로 세상을 천국으로 만들겠다는 중생무변서원도(衆生無邊誓願度)를 먼저 선언하고, 그러기 위해서는 나부터 그러하리라 하는 불도무상서원성(佛道無上誓願成)을 뒤세우는 것이 이 시대의 바른 순서일 것입니다.

가정이 파탄 직전에 있다고 한 수련생 한 분이 수련 첫날 첫 시간에 임장 기초 신념의 강의를 듣고, "아하, 거기서부터 내가 잘못이었습니다." 하면서 눈물을 보이던 것이 은은한 감동으로 기억되곤 합니다. 가정이 뒤죽박죽된 것이 스스로가 아닌 다른 가족들 때문이라고 고래고래 아우성치면서 가정의 평화를 망가뜨려 왔던 그 수련생의 가정이 앞으로 어떻게 풀려갈 것인가는 보지 않아도 알 것 같습니다. 사실상 바로 거기에서부터 잘못인 것이요, 거기에서부터 바로 세워야 하는 것입니다.

우선 모든 가장(家長)이 이러한 기초 신념을 지니고 산다면 가정의 평화는 보장될 것이요, 세상의 다양한 공동체의 장(長)이 그러하다면 공동체 평화는 보장됩니다. 하물며 가족 전체가, 팀원 전체가 그러하다면 더 말할 나위 있으리오.

현장에서 살아 움직이는 활구

우선 사람들과 더불어 존재하는 공간(場)에 임했을 때 마음속으로, '나는 이 자리의 주인이다. 나는 이 자리를 천국으로 만들어보리라. 그러기 위해서 우선 나 자신부터 그러하리라.'를 읊조려보는 것입니다. 백 장면에 한 번씩 100회 정도 안으로 신념을 다져가다 보면, 관념적인 신념이 아니라 현장 속에서 살아 움직이게 하는 활구(活句)적 기초 신념으로 기능하게 될 것입니다. 분명 주변 사람에 대한 관심의 깊이부터 달라질 것입니다.

　관심 자체도 일어나지 않던 사람이라면 관심이 일어날 것이요, 얼굴부터 화안(和顔)이 되고 미소가 감돌 것이요, 말씨는 보다 부드러워 질 것이요, 칭찬 한마디라도 더 나올 것이요, 대화를 하더라도 자신의 말을 하기보다는 정성스럽게 더 경청이 될 것이요, 작은 일에도 감동을 할 것이요, 작은 잘못에도 사과할 줄 알고, 작은 은혜에도 깊이 감사하게 될 것이요, 무슨 서비스로 이웃을 기쁘게 할 것인가를 연구하게 될 것입니다.

　나는 있는 곳마다 주인이다.
　이 자리를 천국으로 만들리라.
　나부터 천국이 되리라.

임장(臨場) 기초 신념 3박자라고 이름을 붙여볼까요? 삶을 이끌어내는 것은 그 사람의 신념 체계입니다. 임장 신념뿐 아니라 좋은 삶을 위해 좋은 신념 체계를 지니는 것, 이것이 8정도(八正道)의 정견(正見)의 길입니다. 우리, 한 번 그러해봅시다.

죽음명상

지금 바로 죽게 되었다고 상상하는 것이 죽음 명상의 첫 단계입니다.
처음에는 죽음을 도저히 수용할 수 없다가도 점점 명상이 진행되는 과정에
점점 욕구 사슬들이 끊기고 죽을 수 있다는 심리에 도달하여 자유, 평안을 느낍니다.

미국으로 이민 간 제자 인경이로부터 얼마 전에 전화가 왔는데, 몸이 안 좋아 비실비실하다가 병원에 가보았는데 암(癌)이랍니다. '세상 많은 사람이 암으로 죽어 가는데, 그 사람도 그것 아니냐'라는 생각이 들지 않고 마음이 더 머뭅니다. 명상 주제로 '죽음'을 다루어보는 것도 좋겠다 싶었습니다.

알고 보면 생명이란 시작하면서 100년 안에는 죽는다는 암 선고를 받고 태어납니다. 죽음이 전제된 탄생이란 말이지요. 사람에 따라 이 부분을 민감하게 느끼기도 하고 덤덤하게 느끼기도 하는 것 같습니다. 역사상 죽음문제를 가장 심각하게 받아들였던 사람으로 우리들의 스승 석가모니를 빼놓을 수 없지요. 석가모니께서 황태자의 자리를 버리고 입산 출가한 것이 단적으로 죽음에 대

한 불안 때문이었지 않습니까? 내가 대학을 철학과로 선택한 것
도 죽음에 대한 절망감 때문이었고, 철학으로는 죽음 문제를 해결
하지 못한다는 자각 때문에 수행의 길을 결행했습니다.

죽음이 언제 오더라도

어떻습니까, 여러분은? 한 번은 맞이해야 할 죽음이라는 절대적
인 사태에 대해서 어떤 마음가짐을 가지고 있습니까? 내가 운영
하는 동사섭 수련에는 항상 죽음 명상을 중대 과정으로 두고 있습
니다. '죽음이 언제 오더라도 상관없는 마음가짐'을 가진다는 것,
좋을 것 같습니까? 죽음에 대한 불안이란 생명을 귀히 여기는 존
재에게는 불가피하게 따라붙는 번뇌입니다. 따라서 사람을 그지
없이 나약하게 만들어버리는 것이 생명에 대한 애착이요, 죽음에
대한 공포와 불안 심리입니다. 인경이에게 간절한 마음으로 바라
지는 것은 바로 죽음에 대한 수용 태세를 갖는 것입니다. 인경이
만의 문제이겠습니까? 살고 있는 모든 이의 문제입니다.

　　죽음 문제는 나이가 들어서 생각하는 것이라고 여기는 것은
아주 바람직하지 않습니다. 파거불행(破車不行)이라는 교훈이 있듯

죽음은 죽음의 순간에 오는 것이지만

심리적으로 문득문득 찾아들어 마음을 괴롭히고

많은 경우 사람을 비겁하게 만드는 난처한 불청객입니다.

보다 젊은 나이에 죽음에 대한 태도 정립을 하고 산다는 것은 바람직한 일입니다.

'죽음이 언제 오더라도 상관없는 다음가짐'을 가진다는 것!

우리가 수행하는 목적 중의 하나이기도 합니다.

이 나이가 든 상태에서는 명상이 잘 안 될 것입니다. 죽음은 죽음의 순간에 오는 것이지만 심리적으로 문득문득 찾아들어 마음을 괴롭히고 많은 경우 사람을 비겁하게 만드는 난처한 불청객입니다. 보다 젊은 나이에 죽음에 대한 태도 정립을 하고 산다는 것은 바람직한 일입니다. '죽음이 언제 오더라도 상관없는 마음가짐'을 가진다는 것! 우리가 수행하는 목적 중의 하나이기도 합니다.

죽음을 수용하지 못하는 이유

어떻게 죽음에 대한 불안을 벗어날 것인가? 중대 주제입니다. 죽음 불안에서 벗어나는 일이 막연하게 생각할 때는 어려울 것 같지만, 정작 명상 주제로 삼고 도전을 하다 보면 놀랍게도 어렵지 않습니다. 수련장에서 무수히 관찰되어진 것인데, 명상의 처음에는 죽음을 도저히 수용할 수 없다가도 점점 명상이 진행되는 과정에 점점 욕구 사슬들이 끊기고 죽을 수 있다는 심리에 도달하여 큰 자유감을 느끼게 되는 수련생이 얼마든지 있습니다.

일단 죽음이 경각에 있어 지금 바로 죽게 되어있다고 상상하는 것이 죽음명상의 첫 단계입니다. 물론 이 상상은 실감(實感)나게 하는 것이 중요합니다. 지금 바로 죽을 수 있을까 하고 명상적으로 묻고 있노라면 죽음을 수용하지 못하는 여러 요소들이 잡혀집니다. 어린 자녀 때문에, 모시고 있는 노부모님 때문에, 어른들보다 앞서가는 것이 불효스러워서, 하고 싶은 일 때문에, 해야 할 일 때문에, 생명 자체의 아까움 때문에, 등등 다양한 불수용의 이유들이 나타납니다.

죽음을 수용하지 못하는 이유들을 분석해 보면 욕구와 의무감으로 거의 압축할 수 있습니다. 의무감도 깊은 뜻으로는 욕구입니다. 그렇다면 결국 무언가에 대한 욕구가 죽음에 대한 불안과 공포를 빚어냅니다. 욕구의 바탕에는 욕구를 지탱하는 사고(思考) 체계가 놓여 있습니다. 욕구(집착)를 정화하고 자유로워지기 위해서는 욕구의 바탕이 되는 사고를 전환해야 합니다. 어린 외아들 때문에 죽을 수 없다면 '어린 외아들이 나 없이는 불행해질 거야'라는 사고(思考)가 아들에 대한 의무감이나 욕구를 지탱하고 있다는 것이지요.

나의 아들이니 살아 있는 동안 아들의 행복과 발전을 위해서 도움을 주는 행위는 바람직하지만 '나' 없이는 아들이 불행해질 것이라는 생각은 다분히 독선일 수 있습니다. 인간은 극도의 어려움에 처해졌을 때 지혜와 인내심과 적극성이 더 계발되어 역사에 빛나는 인물이 될 수도 있습니다. '아들이 불행해질 거야' 하는 것은 '사실'이 아니라 '생각'입니다. 생각은 얼마든지 달리할 수 있습니다.

본래 '나'는 없는 것이니

사람의 큰 비극 하나는 수준 낮은 어떤 생각을 설정해 놓고 그 생각에서 벗어나지 못하는 것입니다. 생각의 전환, 인식의 전환이란 인생에서 극히 중요합니다. 깨달음이라는 것도 바로 인식의 전환이 그 본질이지요. 아들에 대한 생각을 달리 해 봄으로써 아들 때문에 죽을 수 없다는 심리에서 벗어날 수 있듯이, 가장 깊게 뿌리하고 있을 수 있는 생명 자체에 대한 욕구도 그 바탕이 되는 생각을 바로잡음으로써 벗어날 수 있습니다. 석가모니께서 보리수 밑에서 큰 깨달음을 얻었다는 것도 결국은 인식의 전환이었습니다.

존재하는 것들, 특히 '나'라는 존재를 과거에는 실체(實體)로 바라보던 인식이 연기(緣起)적 존재로 바라보는 인식 전환이 일어남으로써 죽음의 주체가 되는 자아감(自我感)이 사라져버린 것입니다. '나는 죽기 싫어!' 하는 심리의 핵심인 '나'라는 실체감(자아감)이 사라져버리니 죽음이라는 사태에 대한 심각성이 자연히 사라져버리는 것이지요. '죽음'이라 하면 답답해지던 정서가 허공처럼 개운해져버리니 얼마나 시원하겠습니까?

　　세상에 어떤 것도 그 자체로 독립된 실체가 없고 모든 것은 다른 모든 것과 관계를 맺음으로써만 존재성을 가지니 어떤 실체에 매달리던 집착이 사라져 해탈이요, 전체가 어우러져 한 몸이니 동체대비(同體大悲)인 것입니다. 이것이 연기사상의 요체입니다. 부처님의 보리수하의 소식이 그것이요, 연기를 보면 여래(如來)를 본다는 것이 그것이지요.

　　항상 그러하듯이 실참실수(實參實修)가 중요합니다. 죽음 명상에 대한 이러저러한 정보는 아무런 의미가 없습니다. 실제로 죽음 명상을 궁행해서 언제 죽어도 상관없는, 허공같이 툭 트인 자유감을 체험해 보아야 의미가 있습니다.

| 2장 |

마음의 · 뜰 · 조경하기

어떠십니까, 여러분? 평소에 마음에 다 쾌서 어느 정도 관심이 있으십니까?
지극히 평화로운, 지극히 행복하고 해탈한 마음이시고 싶으십니까?
여러분이 만일 이 글을 사경하는 마음가짐으로 음미하신다면 지극한 마음의 경지를 경험하실 수 있을 것입니다.

행복의 조건

인생이 무엇인가를 이루어가는 과정이라고 한다면, '이룸(成)'이라는 관점에서 인생을 생각해 보는 것도 좋을 것입니다. 당신 나이가 50이라면 우선 50까지 '이미 이룬 것들(既成)'이 있을 것이요, 앞으로 한 30년 더 산다고 하면 미래 30년간 무엇인가를 더 이루어 갈 것이니 현재로서는 '아직 이루지 않은 것들' 곧 '미래에 이루어 갈 것(未成)'이 있을 것입니다.

'인생' 하면 일단 '기성(既成)'과 미성(未成)이라는 두 영역으로 생각해 볼 수 있겠습니다. 그런데 세상 사람들을 잘 관찰해 보면 그 두 영역을 두루 고려하지 않고 주로 미래에 이룰 '미성(未成)'만을 생각하면서(집착하면서) 달려가는 감이 있지요. '미래! 미래! 미래! 집착! 집착! 집착!'의 인생을 사는 것입니다. "여보세요, 좀 숨도 쉬고, 앞만 보지 말고 뒤도 돌아보면서 사세요. 위태롭게 보입니다."라는 말이 나옵니다.

여러분은 어떠하신지요? 필자도 어느 한 순간까지는 '견성성불! 견성성불! 염불! 염불! 염불 일념!' 하면서 웃음과 행복을 느끼지 못한 채 찡그린 얼굴, 굳은 마음으로 오직 미래의 어느 날 대박으로 터트려질 것 같은 견성성불(見性成佛)을 향해서 집착하며 진군했었지요.

미 성 (未成) 으 로 나 아 가 되 ,
기 성 (旣成) 을 음 미 하 고 누 리 라

어떻습니까, 여러분은? 뒤를 돌아보면서 '으흠, 이러이러한 것들을 이미 이루었구나!' 하고 기성(旣成)을 잘 확인하면서 기성에 대한 누림을 잘 하는 편입니까? 하기야, 미래를 향하여 무엇인가를 이룰 것이라고 희망을 갖는다는 것 자체가 어떤 차원의 행복조건이 되는 것은 사실입니다. '집착–스트레스'가 아니라면 미래를 향한 설레는 꿈이 있다는 것은 그 자체로 중요하고, 그 자체로 행복의 조건이 됩니다. 그러나 이미 이룬 것, 곧 기성(旣成)을 확인하는 것이야말로 진정 중요한 행복 조건이지요. 무작정 미래를 향하여 달리기만 하는 것은 중도가 아닙니다. 아직 이루지 않은 미래를 향해 나아가되, 이미 이룬 것을 확인하면서 나아갈 때 균형이 잡힙니다.

그런데 앞으로 이룰 미성영역과 이미 이룬 기성영역에 한 영역이 더 있습니다. 이미 있는 기존(既存) 영역입니다. '이룸'은 의지적이요, 의도적이요, 인위적인 것입니다. 그러나 '있음'은 사람의 영역이 아닌 자연의 영역입니다. 기성이니 미성이니 하는 이룸 영역이 소프트웨어라면 기존 영역은 하드웨어입니다. 인류 역사를 통해 사람이 이루는 것이 아무리 찬란하더라도 이미 있는 것들에 비하면 티끌에 불과하다는 것을 대체로 알고 있을 것입니다.

그러므로 사람이 기존에 눈 뜨지 못하고 기성이나 미성에만 마음이 머문다면, 전체 의미 영역 중 큰 본질을 등지고 작은 현상에 매달리는 꼴이지요. 달마 대사께서 천불천탑(千佛千塔)의 대대적인 불사를 해낸 양무제의 불사 공덕을 지은 바 공덕이 없다고 하셨던 것이 이해가 될 법하지요?

여기까지 정리를 한다면, 아직 이루지 않은 것(未成)은 집착-스트레스가 아닌 선에서 이루어가되, 더 중요한 것은 이미 이룬 것을 확인하면서 기뻐하는 것이요, 이미 이룬 것보다 더 중요한 것은 하드웨어에 해당하는 이미 있는 것을 확인함으로써 그냥 존재하는 것만으로 내 인생이 무한으로 충만하다는 것을 인식하는 것입니다.

미성-기성-기존(未成-旣成-旣存)! 한 체계가 잡히는군요. 설레는 마음으로 미성(未成)을 향해 나아가되 기존기성(旣存旣成)을 확인하는 바탕 위에서 한다! 곧 지족 바탕 위의 구현(知足具現)이라! 참 좋습니다.

그냥, 그냥, 그냥

자, 여기에서 한 걸음 더 나아가 봅시다. 이 글에서 하늘에 닿는 기도의 마음으로 드러내고자 하는 것은 지족(知足)의 극치요, 기존(旣存)의 핵심인 '그냥 존재함'에 관한 것입니다. 여러분은 그냥 존재해 본 순간이 있습니까? 이 질문에 어리둥절한 감을 느낄 것입니다.

그냥 존재한다! 말은 쉽게 들릴지 모르나 사실 쉬운 일이 아닙니다. 사람은 대체로 그냥 존재하지 못합니다. 밥을 먹으려면 그냥 밥만 먹어야 할 텐데 밥을 먹으면서 이것저것 잡다한 것들을 생각합니다. 독서를 하려면 그냥 독서만 하면 되는데, 수없는 관념의 해찰을 부리면서 읽습니다.

그냥, 그냥, 그냥! 중요한 일입니다. 그냥 존재하려면 아무 생각이 없어야 합니다. 그냥 단순히 깨어 있는 것뿐입니다. 이미 존재 영역을 떠나 무수한 가치 영역으로 추방당해버린 사람들, 문화 문명들의 위기입니다. 위기라는 이름의 상황 중 가장 비참한 위기는 바로 존재를 망각하고 가치의 늪에 빠져 들어가고 있는 상황입니다.

자, 그냥 존재해 봅시다. 그냥 깨어만 있어 봅시다. 필자가 안내하고 있는 동사섭 수련 중 마지막 과정은 바로 그냥 존재하면서 '이대로 내 인생 100% 좋구나!' 하는 인식을 경험하는 것입니다. 이 체험은 인생에서 궁극적인 것입니다. 5박 6일의 수련과정으로는 쉬운 일이 아니어서 3박 4일의 중급과정을 별도로 시설하여 더 접근시키고, 3박 4일의 고급과정을 다시 더 시설하여 '그냥 존재하는 것'이 무엇인가를 깨닫게 합니다.

가만히 생각해 보세요. 아공(我空)·법공(法空)이지 않습니까? 아공이라는 말은 우주의 중심에 실체(實體)로서 존재하고 있는 듯한 자아(自我)가 실은 어떤 개념이나 분별로 규정할 수 있는 실체가 아니라는 뜻이요, 법공(法空)이라 하면 자아를 제외한 무한 우주 또한 온통 개념이나 분별로 실체시할 수 없다는 뜻이니, 안팎으로 마음이 머물 곳이 없습니다.

아공·법공이 확연해진 사람이 존재하는 방식은 무엇이겠습니까? 그냥 존재하는 것이요, 그냥 깨어있는 것입니다. 아공이니 안으로 갈 곳이 없고 법공이니 밖으로 또한 갈 곳이 없으니, 이대로 그냥 존재하는 것, 이대로 그냥 깨어만 있는 것, 이것이 할 일의 궁극입니다.

어떻습니까, 계합되는 바가 있습니까? 일체유위법(一切有爲法)이 여몽환포영 여로역여전(如夢幻泡影 如露亦如電)입니다. 본지풍광(本地風光)이요, 본래청정(本來淸淨)입니다.

이 글에 들어있는 뜻을 잘 알아들으시고, 지극히 희망하시고, 나름의 노력을 하기는 하되, 잡다하게 인연된 바들에 대한 책임감으로 충분히 누리지 못한다고 생각할 수 있는 많은 사람들에게 심심한 위로와 격려를 보내며, 그 가운데서도 가만히 살피고 또 살펴서 미성(未成)으로 나아가되, 기성(旣成)을 잘 음미하고 누리며 우리의 엄청난 천혜(天惠)인 기존의 지복(至福)을 맘껏 누리기시를 간절히 기원합니다.

컵은 컵이 아니고,
그 이름이 컵이다, 즉비(即非) 1

컵을 대하되 음료수를 담는 용기로만 여기지 않고
꽃을 꽂아두는 화분으로도 생각해 보십시요.

대부분 사람들의 인생은 인식주체 기능(眼識~意識)이 무엇인가와 마주치면서 '촉(觸)' 기분이 나쁘든(苦), 기분이 좋든(樂), 기분이 나쁘지도 좋지도 않든(捨) 하면서 사는 과정입니다. 이것을 고락사(苦樂捨) 삼수(三受)라고 하지요? 이 수(受)에 이어서 애(愛)-취(取)-유(有) 등의 과정을 밟으면서 그 고된 육도 윤회를 합니다.

먼저 12 연기를 떠올리세요. 마음공부란 마주치자마자, 즉 촉(觸)하자마자 '수-애-취-유' 등에 떨어지지 않고 초연한 상태로 있을 수 있는 마음의 힘을 기르는 것입니다. 무수한 세상의 일을 다 하면서도 마음(식주체 기능)이 윤회의 늪에 떨어지지 않고 초연함이라! 참 좋지요? 응무소주 이생기심(應無所住而生其心)이 바로 그것 아닌가요.

마음공부라는 것이 즉(卽)하자마자 초연함이라면 삶 속에서 초연한 삶을 살아야 할 터, 어떻게 해야 되겠습니까? 촉(觸)하자마자 다음 단계인 수(受)로 떨어지지 않도록 바리케이드(防塞)를 치는 연습을 잘 하는 것, 이미 수(受)에 떨어져버렸으면 다음단계인 애(愛)로 넘어가지 않도록 바리케이드를 잘 치는 연습[觀行]을 하는 것입니다. 즉비(卽非)가 그것입니다.

즉비 (卽非) 는 공 (空) 과 같은 개념

즉비(卽非)! 어떻습니까? 귀에 익은 감이 있습니까? 『금강경(金剛經)』에 딱 20회 정도 나오는 말이요, 즉비와 같은 뜻으로 표기된 ‘비(非)’, ‘즉시비(卽是非)’, ‘즉위비(卽爲非)’, ‘개위비(皆爲非)’까지 포함한다면 30회 정도 나오는 말입니다. 『금강경』에는 ‘즉비…’ 식이 30여 회, ‘즉비… 시명(是名)…’의 표현이 20여 회 나옵니다. 별로 양이 많지 않은 경전에 20~30여 번을 운위(云謂)한다는 것은 무엇을 의미하겠습니까?

　“컵은 컵이 아니고, 그 이름이 컵이다.”라는 구조적 표현이 『금강경』에 거듭 쓰이고 있을 때, 이 구조적인 표현이 담고 있는 의미를 모른다면, 『금강경』을 읽어도 애매한 몰이해 때문에 『금강경』 독해는 맥이 빠질 것입니다. 그리고 이 구조적인 메시지가 20~30회를 반복되고 있다면, 정작 불조(佛祖)의 중대 가르침일 터, 이해를 못한 채 읽기만 한다면 안타까운 일이지요.

즉비(卽非)는 일단 공(空)과 같은 개념으로 보면 됩니다. 뒤따르는 말을 부정지양(否定止揚)하는 말입니다. 즉 뒤따르는 말이 '컵'이라면 '컵(만인 것)이 아니다.'인 것입니다. 어떤 개념이든 명제든 세웠다 하면 세운 찰나지간의 즉시에 부정-지양시킴으로써 어떤 대상에도 걸리지 않고 초월하도록 돕고 있는, 어찌 보면 참으로 삼엄한 말이 즉공(卽空)이요, 즉비입니다.

많은 경우 즉비(卽非)를 번역할 때 즉비컵을 '컵이 아니다.'로 푸는데, 그것은 적절하지 않습니다. 무수한 세상일을 함에 있어서, 상황적 방편상 단공(但空)적인 부정이 필요한 순간도 있을 것입니다. 하지만 세상일에 매몰되지 않는 것이 중요한 일인 것이지, 세상일을 부정한다는 것은 이상하지요. 인과불락(因果不落)이 아니고, 인과불매(因果不昧)라는 선사의 가르침을 떠올려도 좋습니다.

즉비나 혹은 공리 등의 불교 용어에 대해 사유하게 될 때 흔히 그 철학적인 뜻이 무엇이냐에 관심을 쏟는 경향이 있습니다. 실은 공리(空理) 등의 뜻이 무엇이냐가 중요한 것이 아니라, 유형무형의 존재하는 것들을 실체시하고 가치시하고 집착함으로써 고통

의 나락에 떨어지기 때문에 이 고통을 해결하기 위해 그 근본이
되는 실체를 철학적으로 문제 삼을 뿐입니다.

고 통 에 서   벗 어 나 자 면

철학적 사유 결과, 존재하는 모든 것은 연기적으로 존재하므로 실
체가 아니고 공(空)하다는 것이 규명됨으로써 실체에 매몰되는 묶
인 심리에서 벗어나 고통에서 해탈하는 결론에 이르는 것입니다.
즉 공리(空理)인 즉비(卽非)는 고통에서의 해탈을 위한 결정적인 방편
역할을 다하는 것이 그 존재 의미이지요.

어떤 존재이든 그것이 독립된 실체로 파악되는 한, 한 개념
에 고착 한정됨으로써, 갖가지의 고통이 따르는 일은 면할 수 없
습니다. 실체시(實體視)는 끝내 마음에 흔적을 남깁니다. 흔적 정도
만큼 고통이요, 미성숙이지 않겠습니까. 진정 구경각을 지향하는
공부인이라면 자신의 번뇌와 무관한 듯한 하나의 돌멩이와 같은
단순한 존재까지도 실체시하는 심리를 떨쳐내야 합니다. 부정지
양 없이 어떤 개념에 한정되는 생각을 하느냐, 아니면 부정지양을
전제로 그 생각을 하느냐 하는 차이는 중생이냐 부처냐 하는 차이

입니다.

중생은 한 생각 떠올리고 한 마디 뱉으면, 떠올리는 그것을 실체시하면서 한정의 늪에 빠져듭니다. 이 실체적 한정은 구체적으로 내적인 고통과 외적인 전쟁을 불러옵니다. 정치, 경제, 사회, 교육, 예술, 종교 등 천만 가지 문화 문명의 행위들이 다 고통과 전쟁에서 멀어지자는 목적으로 존재할 터인데 고통과 전쟁의 근본적인 해결 열쇠는 없는 듯합니다. 그런데 아전인수 격으로 들릴지 모르나 불교의 즉비(卽非)야말로 그 근본적인 해결 열쇠이지요. 마음을 근본적으로 치유할 수 있는 열쇠를 얻을 수 있는 가르침을 만난다는 것은 참으로 큰 복입니다.

필자는 최근에 『금강경』을 다시 음미하면서 즉비라는 용어를 깊게 만나다 보니 공리보다는 즉비를 좀더 사랑하는 것 같습니다. 즉비(卽非)는 공리(空理)와 같은 개념이기는 하지만 그 '즉비'라는 언어에서 풍기는 날카로운 향기는 마치 용접공의 손에 들려 있는 용접봉에서 뻗치어 나오는 시퍼런 불길과 같은 느낌이 듭니다.

모든 법리가 다 그렇지만 즉비(卽非)란 참으로 하나의 이치 갈파 차원에 머무르지 않고 삶의 현장에서 현실적인 삶으로 살아져야 합니다. 즉비가 삶의 구체적인 모습으로 드러나기 위해서는 한동안은 삶의 다양한 국면에서 실습으로 접근하는 길밖에는 없습니다.

실습해야 할 삶의 국면이란 가히 무수합니다. 컵을 대하되 음료수를 담는 용기로만 여기지 않고 꽃을 꽂아두는 화분으로도 생각함으로써 컵에 걸리는 마음에서 벗어나는 것이 즉비요, 어머니를 떠올리되 할아버지 입장에서는 며느리요, 내 아들 입장에서는 할머니요, 현미경 입장에서는 분자요, 원자라고 생각함으로써 어머니를 향해 집착하는 에너지를 풀어놓는 것이 즉비요, 한 대 맞아 코피를 흘리면서도 그만하니 감사하다고 관점을 전환하여 느끼는 것도 즉비요, 연기의 법리를 깨닫고 하나를 보되 다른 전체와 어우러진 무한으로 파악한다면 뛰어난 즉비요, 그것을 살되 그것에 매몰되지 않고 무한으로 열려있다면 궁극의 즉비입니다.

여러분들의 마음이 즉비와 같은 날카로운 방편에 힘입어 진정 초연한 해탈이시기를 빌고 빕니다.

희망의 비책, 즉비(卽非) 2

사람의 불행은 한결같이 '그 무엇'에 고착함으로써 빚어집니다.
그 상황이 설혹 긍정적인 낙수(樂受)라 할지라도, 설혹 니르바나적인
상황이라 할지라도 그것에 고착하는 것은 바람직하지 않습니다.

즉비를 명상 주제로 삼아볼까 합니다. 『금강경』은 우리 불교, 특히 선불교의 소의경전일 정도로 비중이 있는 경전입니다. 성불(成佛)의 조건은 '온 중생을 제도하리라' 하는 발원을 하는 것이라는 점, 육바라밀 등의 중생제도의 행위를 하되 상(相: 我相·人相·衆生相·壽者相)이 없어야 한다는 것이 『금강경』의 요체입니다. 이때 어떻게 상(相)이 없이 행할 수 있느냐 하는 것이 중대한 문제입니다. 이 문제에 대한 답의 하나가 즉비(卽非)입니다.

중생의 인생이란 식(識: 의식)이 근(根)을 통해 경(境)을 마주치는 것, '촉(觸)'을 기초로 해서 일파만파 분별-시비-집착 등의 복잡다단한 의식 활동을 하는 과정입니다. 즉(卽)하자마자, 곧 촉(觸)하자마자 '분별-시비-집착' 하는 것을 상(相)에 떨어졌다 하는 것입니

다. 상에 떨어지면 현실적으로 바로 고통이 수반되며 나아가 상은 다음 생을 불러오는 씨앗이 되는 것입니다. 그래서 『금강경』은 즉비라는 처방전으로 상의 흔적을 남기지 않게 합니다.

촉하자마자 삶의 편의상 일단 이름을 붙일 수밖에 없는 것이 현실입니다. 이름을 붙인다는 것은 이미 분별이어서 벌써 상(相)의 시작입니다. 편의상 이름은 붙여야 하는데 이미 상에 떨어짐이라! 이 기막힌 모순을 묘하게 극복해내지 않으면 안 되겠지요? 그 묘책이 즉비인 것이지요.

공 (空) = 무 한 부 정

서옹(西翁) 큰스님께서 펴내신 『임제록』에서 공(空)을 무한부정으로 정의하신 것을 접하고 감탄을 한 바 있습니다. 일렀듯이 공과 같은 뜻인 즉비는 무한부정입니다. 어떤 것이 감각이 되었든, 개념이 되었든, 명제가 되었든 그 어떤 인지과정이 되었든 잡혔다 하면 바로 부정될 수밖에 없는 것입니다. 세우자마자 아닐 비(非)가 붙여지는 것이지요. 이 때 비(非)나 공(空)의 기능이 부정 자체에 있는 것이 아니라 고착을 피하게 함이라는 것을 유념하지 않으면 안 됩니다.

우리의 의식활동이란 개념들과 개념들이 엮어진 명제들이 전부입니다. 개념과 명제에 주관적인 의식이 스며들어 있는 정도만큼 상입니다. '하늘'은 개념이요, '하늘은 높다'는 명제입니다. 즉비라는 프로그램이 장착되어 있지 않은 인간의 대뇌에게는 '하늘'이든 '하늘은 높다'든 상으로 작용되어 중생놀음을 면치 못합니다.

즉비가 장착되어 있는 사람은 '하늘'이라 말하되 '하늘'만이 아님을 알고, '하늘은 높다'라고 생각하되 '하늘은 높다'만이 아님을 알고 있습니다. 그렇기 때문에 '하늘'에도 고착되지 않고 '하늘은 높다'에도 고착되지 않아서, 하늘이라는 개념의 상이나 '하늘은 높다'라는 명제의 상이 발생할 까닭이 없습니다. 많은 영성가(靈性家)에 '깨어있음'이라는 말이 많이 쓰이고 있는데 즉비를 전제로 한 개념, 즉비를 전제로 한 명제의 삶이야말로 가장 전형적인 깨어있음의 예라고 보면 될 것입니다.

이와 같이 우리들의 일상사 모든 삶의 과정에 쓰이는 일체의 개념, 일체의 명제에 즉비를 전제시키는 것입니다. 즉비를 적용해야 할 범주는 전부요, 무한입니다.

중 생 과 부 처 의 차 이

촉(觸)하자마자 고락사(苦樂捨) 삼수(三受)로 체험되어지는 것이 삶의
전부입니다. 즉비의 적용 범위는 삼수의 모든 경계이지만 특히 고
수(苦受)의 경우에 적용하는 것은 대단히 권장할 만합니다. 아들이
시험에 낙방을 했다, 괴롭다, 죽을 맛이다, 열흘 백일을 죽을 맛으
로 산다, 앓아눕는다, 죽는다.

어떻습니까? 중생은 정도의 차이가 있을 뿐이지 중생들의
모든 삶이 그런 식입니다. '경계 수용을 어떻게 하느냐, 정도만큼
중생이냐, 부처냐'이지 않습니까? 즉비란 이 순간 바로 부처를 결
정해 줍니다. 아들이 시험에 낙방한 사실 앞에 이미 즉비가 붙어
있습니다. '아들이 시험에 낙방한 것이 전부가 아니다. (즉비) 내 아
들은 시험 여하와는 상관없이 내 아들로서 너무 귀하고 소중하며,
너무도 긍정적인 점이 많다. 시험은 또 도전해 가면 될 뿐이요, 그
렇지 않더라도 내 아들이 살아갈 길은 무한히 열려 있다.'라고 생
각함으로써 아들의 시험 낙방이라는 사실로부터 초연해집니다.
그것이 즉비의 삶입니다.

그 어떤 역경계도 즉비라는 비방 앞에서는 역경계성이 사라
지고 어떤 의미로 살아납니다. 고착으로 인해, 즉 상(相)으로 인해
중생은 고통과 진부라는 나락의 족쇄에 묶입니다. 사람의 불행은

한결같이 '그 무엇'에 고착함으로써 빚어집니다. 그 상황이 설혹 긍정적인 낙수(樂受)라 할지라도, 설혹 니르바나적인 상황이라 할지라도 그것에 고착하는 것은 바람직하지 않습니다. 니르바나라 할지라도 고착되면 하화중생은 할 수 없을 것입니다. 이와 같이 일체의 개념, 일체의 명제, 일체의 상황에 즉비는 우리의 마음을 무한히 열어 놓습니다.

근래에 『금강경』을 명상하면서 즉비에 대한 새로운 의미를 발견하고 은근한 기쁨을 느끼고 있습니다. 곧, 즉비는 세운 개념이나 명제의 부정이기보다는 세운 개념이나 명제만이 아닌 얼마든지 다른 측면이 있다는 것을 드러내고자 하는 개념이라는 것입니다. 즉비는 부정의 개념도 아우르지만 지양의 개념이라는 것이지요. 곧 의식공간에 시설되어지는 개념이나 명제를 부정하고자 하는 것이 아니라, 오직 그것들에게 고착되지 않게 하려는 개념이라는 것입니다. 바로 진공묘유(眞空妙有)가 그것입니다.

즉비는 철학적인 이치를 아우르지만, 중생을 고통에서 벗어나게 하기 위한 실용주의적인 방편론입니다. 즉비는 철학인 그 무엇이 목적이 아니고, 오직 고통과 구속에서 벗어나기 위한 삶의 방편이라는 점이 그 핵심 뜻입니다. 마치 그지없이 양변을 오고가며 살되 양변에 달라붙지 않는 시계추처럼 중도의 삶을 살게 해주는 비방 중 비방이 즉비입니다.

네 몫 내 몫

인간관계에 부딪칠 때마다 '내 몫'을 돌아보는 연습,
과거에 무수히 있었던 상충 상황들을 떠올리면서 하나하나
'이 상황에서 내 몫은 무엇이었을까?' 하고 명상을 해 봅니다.

요즈음 주변에 일어나고 있는 것들 중에 꼭 다루어 보았으면 하는 주제가 있습니다. 명상 제목을 '네 몫 내 몫'이라 해봅니다.

인간관계는 중요합니다. 인간관계는 그 자처로 중요하지만 마음공부의 차원에서 볼 때, 그 자체가 중대 마음공부 과정이기도 하며 마음공부를 위한 중대 조건이 되기도 합니다. 주변 사람과 인간관계가 나쁘다면 마음공부가 어렵다는 것을 공부인은 누구나 체험합니다.

이 부분을 쓰면서 한 자락 마음이 쓰입니다. 사람들이 '인간관계'라는 말을 쓸 때 불교가 매섭게 꺼리어 하는 '실체 의식'이 전제되어버리기 때문입니다. 불교인으로 불교의 기초철학인 연기(緣起) 사상에 익어가고, 『반야경』이나 『금강경』 등의 경전을 독송

명상하다 보면 '나'다, '너'다, '무엇'이다 식의 실체의식(자아감, 실체감)이 사라지고 우주 전체가 중중(重重)으로 어우러진 한 유기체, 한 생명으로 움직이는 돈망법계라는 것이 체감됩니다. 굳이 불교 용어를 빈다면 이것은 진제(眞諦)이지요.

그러나 그러한 깨달음이 없는, 실체의식에 익어진 무수한 사람들 차원에서는 진제(眞諦) 차원의 이야기는 이해될 수 없고, 오직 세상에 존재하는 유형무형의 무수한 것들을 독립된 실체로 볼 수밖에 없으므로, 진제 차원에서 살고 있는 사람도 이들과 어울려 교류할 때는 속제(俗諦) 차원의 표현을 빌어야 할 것입니다. 아마 역대 불조들의 한 고충이었을 것입니다. 필자의 경우도 '차원자재(次元自在)'라는 한 깨달음을 통하여 그 고충으로부터 해방되었습니다.

스스로를 돌아보라

다시 주제로 돌아갑니다. 사람 사이에는 맑은 에너지만 오고가는 것이 아니고 많은 경우, 긴장 어린 부딪침으로 거칠고 탁한 에너지가 오고갑니다. 부딪치는 것이 합당한 명분이 있다면 그래도 좋을 수 있으나 사소한 것으로 소모전을 펴는 경우가 다반사인 듯합니다. 모든 부딪침의 속내를 살펴보면 한결같이 '너는 나쁘고 나는 옳다' 혹은 '너는 못하고 나는 잘 한다'라는 식의 심리가 깔려 있습니다.

열 시 이전에는 귀가하기로 약속한 아들이 열두 시에 들어온 사단(事端)으로 부자지간에 부딪칩니다. '사내가 약속을 했으면 지켜야지 왜 그 모양이냐.' 하는 아버지와, '약속은 했더라도 사정에 따라서 못 지킬 수도 있는 것이 사람의 일이지 않겠느냐.'고 대드는 아들 사이에 부딪침이 일어납니다. 조그마한 부딪침이 일파만파(一波萬波)로 쥐 한 마리 잡으려다가 장독을 깨는 것과 같은 지경까지 가는 사례가 무수히 난무하는 것이 세상 사람들의 현실입니다. 마음공부를 상당히 한다고 하는 사람들 사이에도 그런 구조의 소모전을 펴고 있음을 볼 때면 아연(啞然)함을 느끼곤 합니다.

이러한 구조의 인간관계 상황에 걸려들지 않는 어떤 명료 간단한 날카로운 길은 없을까요? '네 몫, 내 몫'이라는 것이 그 답의 하나입니다. 인간관계에서의 상충되는 상황에는 필히 내 몫과 네 몫이 있습니다. 즉비(卽非)니, 즉공(卽空)이니, 개공(皆空)이니 하는 것까지 동원하지 않는다 해도 도리어 그보다 훨씬 현실성 있는 지혜의 길이 '네 몫, 내 몫'입니다.

억만 가지 인간관계 상충상황의 구조적인 원리는 '스스로를 돌아보지 않고 상대방에게 책임을 전가하는 것'입니다. 즉 스스로가 책임져야 할 몫(내 몫)을 고려하지 않고 상대방이 책임져야 하는 몫(네 몫)을 추궁하는 것입니다. 이 대목에서 잠시 한 자락 쓰이는 마음이 있습니다. 너무 당연한 말이라 쉽게 여길지 모른다는 노파심입니다. 상충상황에 자기를 돌아보는 것이 바람직하다는 것은 삼척동자도 압니다. 그러나 본인이 상충상황에 놓이면 자동적으로 스스로를 바라보지 않고 상대방에게 손가락질을 하지요. 알고 보면 얼마나 끔직한 아상(我相)인지 모릅니다.

최 선 점 에 마 음 을 모 으 라

'내 몫과 네 몫'이라 했습니다. 즉 상대방은 상대방으로서의 최선점이 있겠지만, 나에게는 내가 취함직한 최선점이 있는 법입니다. '이 때 나의 최선은 어떠한가?' 하고 스스로의 최선점에 마음을 모으는 것(내 몫)이 평화의 길입니다. '내가 어떤 탐심에, 어떤 분노에, 어떤 어리석음(貪瞋癡)에 떨어져 있지는 않는가? 아상(我相)이 사라진 마음으로 상대방을 자애롭게 바라보고 있는가? 이 경우 나의 가장 바람직한 역할은 무엇인가?' 등등 자문하는 것이 내 몫 담당의 기본입니다.

이러한 '자기 돌아봄'의 바탕 위에 열두 시어 귀가한 아들이 '이 상황에 나의 몫은 무엇인가?' 하고 스스로의 최선점을 살피면서 '아, 그렇다! 약속을 지키지 않은 아들을 안타깝게 여기는 아버지의 마음을 이해하겠다.' 하고 자각한다면, 나아가 "아버님, 저는 저대로 여차저차한 사정이 있었지만 아버님 입장에서는 약속을 어기는 아들에 대해 걱정도 되고 안타까운 마음이 충분히 일어나셨겠네요. 앞으로는 가능한 한 약속을 잘 지키겠습니다. 약속이 어겨질 경우 미리 전화라도 드려서 아버님 마음에 걱정이 들지 않도록 하겠습니다."라는 정도로 표현까지 하고 나온다면 상당히 훌륭하게 '내 몫'에 깨어있는 모습일 것입니다.

또한 아버지는 '그렇지! 약속을 지킴에 어찌 절대가 있겠는가? 특별한 사정이 있다면 약속을 어길 수도 있는 것이 도리어 사람의 삶이지.' 하고 생각하면서 "아들아! 오늘은 약속을 어겼는데 무슨 사정이 있었던 모양이지? 아버지와 나누어도 될까?" 정도로 나간다면 그 아버지는 상당히 훌륭하게 '내 몫'을 담당하게 된 것입니다.

만일 아버지의 역할이 '아들이 어찌 아들만이겠는가! 그 이름이 아들일 뿐인 것을〔子卽非子是名子—금강경〕!' 하면서 아들에 대한 집착〔人相〕이 사라진 상태에서의 것이라면 A+의 '내 몫' 담당이 될 것입니다.

인간관계에서 상충이 되는 모든 상황에 '내 몫' 담당만 해야 한다는 것은 아닙니다. '내 몫'을 묻기도 하고 깨우쳐 주기도 해야 할 상황이 얼마든지 있지요. 부모나 스승이나 친구의 입장에서 충고나 지도를 해 주는 것이 참으로 바람직한 특수 상황이기 때문에 충고나 지도를 할지라도 적절한 '내 몫'을 고려하는 역할을 하지 않는다면 중도(中道)가 아니지요. 아무튼 무수한 상충상황에 '내 몫'에 깨어있지 않고 '내 몫'을 추궁하기에 바쁘다면 곳곳에 실패를 거듭하면서 불화의 골을 팔 것입니다.

그런데 일렀듯이 말씀인즉 쉬우나 실천이 쉽지 않다는 것이 문제입니다. 연습이 필요합니다. 인간관계에 부딪칠 때마다 '내 몫'을 돌아보는 연습, 과거에 무수히 있었던 상충 상황들을 떠올리면서 하나하나 '이 상황에서 내 몫은 무엇이었을까?' 하고 명상을 해 보는 연습입니다. 연습의 양에 비례해서 어떤 상황에 처했을 때 상대방에게 손가락질하는, '내 몫'을 확인시키려는 습관적인 아상(我相) 놀음이 사라져가고 스스로를 돌아보는 '내 몫'에 깨어나는 인품(人品)이 될 것입니다.

의식을 끌어올리라,
지족(知足) 10차원

좌선하는 시간에 10분이나 5분 정도의 짧은 시간만이라도 할애하여
이 지족 10차원을 명상산책 해보신다면
문득 행복의 99%가 확연하게 보장되는 날이 올 것입니다.

미국 보스턴에 있는 한 한국 절에서 있었던 이야기입니다. 미국 보스턴에는 하버드대학, MIT대학 등이 있고, 한국인으로 그들 학교에 봉직하는 박사 교수님들이 상당수 있다고 합니다. 그 한국 절에 나오는 신도 중에도 박사, 교수 등 지식층 분들이 많은데 스님이 법문을 하시면 법문 뒤에 유식한 질문들을 어찌나 치열하게 하는지 스님으로서는 좀 대응하기가 어렵고, 또 공부 차원에서는 하찮은 것들인지라 스님으로서는 식상함이 쌓이곤 했습니다. 스님께서는 묘책을 궁구해 냈습니다.

3 0 분 간 의 천 국 여 행

어느 날 법문 시간에 "여러분은 누구나 자신의 마음을 가지고 있고, 자신의 마음이 행복하기를 바랄 것이고, 그 행복을 위해 무엇인가를 노력해 왔을 것입니다. 자, 지금부터 30분의 시간을 드릴 터이니 좌선 상태로 앉아서 자신의 마음을 최고의 천국으로 만들어 보세요. 천국으로 만드는 일이 잘 되면 그것이 아주 좋은 마음공부이니 그대로 하시면 될 것입니다. 그러나 혹여 마음천국 만들기의 보다 효과적인 길을 찾고자 하여 제 도움이 필요하시다고 여겨지신다면 개인적으로 노크해 주시기 바랍니다."라고 선언하셨습니다.

자, 어떠십니까? 여러분들에게 그와 똑같은 숙제를 드린다면 30분 좌선을 통해 마음을 천국으로 만드는 일을 어떻게 하시겠습니까? 불교인이라고 하면 좌선하는 시간이 많을 것인데 그 좌선 시간에 무엇을 하십니까? 염불을 한다, 참선을 한다, 수식관을 한다, 주력을 한다, 좋은 추억을 생각하는 등등 다양한 행법으로 시간을 운용할 것입니다.

나의 경우는 주로 주바라밀(主波羅蜜)인 염불선(念佛禪)을 하되 가끔은 네 개의 조바라밀(助波羅蜜)을 명상합니다. 어떨까요? 이 기회에 조바라밀 하나 소개해 볼까요? 지족십차원(知足十次元)이라는 명

상 주제 하나를 소개해 보기로 하지요. 필자가 운영하는 동사섭수
련회에서 다루어지고 있는 명상법 중의 하나입니다. 주바라밀 하
나와 조바라밀 네 개 중 제1번에 해당하는 명상법이 지족 10차원
입니다.

　지족 10차원을 설명하기 전에 먼저 깊게 유념할 것은 '지족(知
足)'이라는 것이 인생에서 얼마나 중요한가입니다. 수련장에서 지
족은 기독교의 '범사에 감사하는 것'과 같은 개념으로 쓰이고 있는
데, 이 지족 여부가 행·불행의 99%를 결정한다고 봅니다. 세상 사
람들이 불행을 느끼는 순간을 관찰한다면 거의 전부(99%)가 부지족
(不知足)한 심리가 배경에 있는 순간입니다. 그러므로 범사에 감사하
는 지족 태도가 우리의 의식에 익어지기만 한다면 행복의 99%를
성취하는 것입니다.

　어떻게 지족 태도 정립이 가능할까요? 답은 명상입니다. 아마
별다른 길은 없을 것입니다. 지족명상(知足瞑想)이 길입니다. 지족명
상을 어떻게 할까 하고 다시 물으면 또 막연한 일입니다. 이 막연한
길을 산책 코스 내 놓듯이 닦아 놓은 것이 지족 10차원입니다. 무한
우주에 존재하는 유형무형의 모든 것(범사)에 대하여 긍정적으로 느
끼는 것이 지족명상입니다. 그 모든 존재를 동심원 10차원 정도로
구획화해서 가장 중앙에 있는 혼(識:주체 기능)으로부터 저 먼 우주 저
쪽으로 나아가면서 그 긍정성(지족, 감사)을 음미하는 것입니다.

1 0 차 원 의 명 상 코 스

자, 그 10차원을 어떻게 구획화할까요? 일정한 답이 있는 것이 아닙니다. 누구나 자신이 지족명상 코스를 만들면 됩니다. 나의 경우는 아래와 같은 순서로 지족명상을 해 갑니다.

① 혼(식주체 기능)의 존재에 감사

② 혼이 지니고 있는 내용인 지정의(知情意) 등의 속성에 감사

③ 몸 감사

④ 몸의 건강 감사

⑤ 우주를 표상하는 혼 · 몸이라는 안테나적 유기체에 감사

⑥ 태어나서 지금까지 무언가 이루어온 것들(旣成)에 감사

⑦ 이 모든 것들을 있게 해 주신 무수한 조상과 스승 등의 인적(人的) 환경에 감사

⑧ 이상의 모든 것을 건재하게 해 주는 국가나 국제사회 등의 문화와 사회에 감사

⑨ 인류의 사회를 지탱해 주는 것은 자연일 터이니 대자연에 감사

⑩ 마지막으로 대자연을 받쳐주는 무한 무수한 법칙이나 원리에 감사

지족(감사)하는 요령 하나로 있고 없음의 차이를 음미해 보는 것이 탁월한 방법입니다. '만일 혼이 없다면…?' 하고 생각해 봅니다. 그러면 의식 기능인 혼이 있다는 것이 얼마나 지극한 감사요, 신비인가를 느낌으로 확연하게 더 느끼게 됩니다. 마찬가지로 모든

지족(감사)하는 요령 하나로 있고 없음의 차이를 음미해 보는 것이
탁월한 방법입니다. '만일 혼이 없다면…?' 하고 생각해 봅니다.
그러면 의식 기능인 혼이 있다는 것이 얼마나 지극한 감사요, 신비인가를
느낌으로 확연하게 더 느끼게 됩니다. 마찬가지로 모든 경우 그것의 있고 없음의
차이를 느껴보는 것이 마음을 지족(知足)의 덕성으로 달구어내는 한 요령입니다.

경우 그것의 있고 없음의 차이를 느껴보는 것이 마음을 지족(知足)의 덕성으로 달구어내는 한 요령입니다. '이 볼펜이 없다면…?' '이 선풍기가 없다면…?' '이 컴퓨터가 없다면…?' '내 아들 모모가 없다면…?' '내 친구 모모가 없다면…?' '저 태양이 없다면…?' 하고 가정해 보세요.

그것들의 존재가 얼마나 고마운가가 느낌으로 확연해집니다. 이러한 식으로 지족 10차원식의 여러 단계의 것들을 음미하는 것이 다소 익어진다면 어떤 우주적인 충만감 같은 의식 분위기 속에서 살 수 있습니다.

좌선하는 시간에 10분이나 5분 정도의 짧은 시간만이라도 할애하여 이 지족 10차원을 명상산책 해 보신다면 문득 행복의 99%가 확연하게 보장되는 날이 올 것입니다. 나아가 지족의 연장선상에 생사일여(生死一如)의 니르바나가 열린다면 행복 해탈의 100%를 완성하게 될 것입니다.

자, 여러분 30분의 시간을 드릴 터이니 자신의 마음을 지고한 천국으로 이끌어 올리세요.

감사 명상

우선 자기 가족들에게 표현되어지면 좋았을 감사들이 표현되어지지 않고
얼마나 묻어둔 상태로 살고 있는지부터 자각하고
가족들 사이에서부터 감사 표현이 무성해야 합니다.

이번 명상 주제는 '감사의 표현'에 대해서입니다. 여러분, 어떠십니까? 감사 표현을 하루에 몇 번 정도 쓰십니까? 결론부터 말하자면 감사 표현을 하는 횟수가 많은 정도만큼 행복하고 주변 사람과 평화롭게 삽니다.

인생은 세상과 더불어 다양한 교섭을 하면서 살아가는 과정입니다. 세상과 더불어 함께하는 과정이란 은혜를 주고받거나 혹은 피해를 주고받는 것이 전부입니다. 이 글에서는 은혜를 받았을 때 쓰이는 '감사'라는 말에 대해 명상해 보고자 합니다.

흔히 은혜를 받으면 감사라는 말로 응답합니다. 은혜를 받았는데 감사라는 말로 응답하지 않으면 무언가 되어야 할 것이 되지 않는 듯한 허전한 감을 남깁니다. 미국과 같은 나라에서는 극히

조그마한 은혜를 받았을 때라도 감사라는 말의 응답을 보내지 않으면 결례라고까지 합니다.

내가 미국에 처음 갔을 때 잭이라는 이름의 백인 신도에게 안전면도기를 선물 받았습니다. 며칠 후 한국인 신도님이 "잭에게 땡큐하셨어요?" 하고 묻는 것입니다. 안 했다고 하니 미국에서는 선물 받고 감사표현을 하지 않으면 결례라고 귀띔을 해 주는 것입니다. 이 때 나는 '아하!' 하는 어떤 인식이 자리잡았습니다. '감사를 꼭 말로 다 드러내야 하느냐' 식인 많은 한국인의 의식과는 대조적인 감(感)을 긍정적으로 느낀 것입니다.

범 사 에   감 사 하 라

지상천국이 있다면 천국의 조건이 되는 요인들이 무엇일까를 고려해 볼 때, 단연 '좋은 기분'이 그 핵심 되는 요인일 것이라는 것이 평소 필자의 생각입니다. 상대방의 '감사합니다'라는 표현을 받으면 기분이 좋아지는 것은 인지상정(人之常情)입니다. 세상 사람들의 기분이 좋아지는 정도만큼 세상은 천국일 터, 지상천국이란 사람들 입에서 '감사'라는 말이 표현되어지는 것과 함수관계가 있습니다. 즉 감사하는 말이 쓰이는 정도만큼 천국이라는 말입니다. 필자는 세상에 감사라는 말이 조금이라도 더 쓰이기를 바랍니다.

우리 독자들만이라도 하루에 '감사합니다'라는 표현을 한 번이라도 더 썼으면 좋겠습니다. 가족들 사이에, 친구들 사이에, 동료들 사이에, 상사와 부하들 사이에, 사람뿐 아니라 유형무형의 사물에 대해 '감사하다'라는 표현이 속말이든 겉말이든 보다 많이 쓰이는 세상이 그만큼의 천국이니 말입니다.

그런데 사람들에게 감사표현의 횟수가 적을 뿐만 아니라, 쓰이는 경우가 극히 한정되어 있는 감이 있습니다. 우선 감사하다고 표현할 수 있는 대상이 무한하다는 것을 인식해야 합니다. 기독교에 '범사에 감사하라'는 말이 있는데 범사(凡事)란 무한 우주에 존재하는 유형무형의 모든 것입니다. 범사에의 감사는 바른 갈파입니다.

감사할 경우란 자기가 은혜를 입을 때의 경우는 당연하지만 나나 우리가 은혜를 받은 경우 말고도 상대방이 세상을 위해 착한 일을 하는 경우도 감사한 일이요, 상대방이 자기 자신의 행복을 위해서 어떤 역할을 할 경우도 감사한 일이요, 대상이 사람이 아니고 동물이나 식물이나 무생물이라 하더라도 그것들이 나나 우리나 세상을 위해 유익한 기능을 할 경우에도 당연히 감사한 일입니다.

조금의 깨달음이 더 있어, 무한 우주가 나, 너, 그이, 그녀,

그것 등이 아니고 하나의 큰 생명체인 한 나〔一體〕라는 것을 인식한다면, 어떤 존재의 기능이나 역할이 지니고 있는 긍정성을 대했을 때 '감사합니다' 하는 마음으로 응답하는 것은 사실 당연한 순리(順理)입니다. 이처럼 감사할 대상이나 감사할 경우가 무한히 열려 있음이 사실이라고 볼 때 어느 정도 이런 쪽으로 의식이 열려 있는 사람이라면 '감사의 마음'이 수시로 가슴에서 우러나오고 나아가 입에서 '감사하다', '고맙다', '참 감사한 일이다' 등의 표현이 수시로 쏟아져 나올 것입니다.

매일 100번 이상 감사하라

필자가 여러분에게 권장하기로는 주변 사람이 식상하지 않을 정도라면 매일 100회 정도는 입에서 감사라는 단어가 튀어나왔으면 하는 바람입니다. 이것은 사회운동의 하나로 전개되어야 할 것입니다. 매일 100회 이상 감사 표현하기 운동! 하하 얼마나 좋습니까! 필자의 경우는 주변 사람들에 대해서는 말할 필요도 없고, 공기를 대하여, 물을 대하여, 내 몸을 만지며, 깊은 숨을 쉬면서, 내 자동차를 만지면서, 절에서 키우는 두 마리의 개와 놀면서 감사함을 속으로 느낄 때, 혹은 감사하다고 표현을 해 볼 때마다 은은한 행복감을 느끼곤 합니다. 감사의 마음이 바로 행복의 중대 조건이 된다는 것은 나의 경우는 경험적인 사실입니다.

한 번의 감사가 가슴에서 우러나오고 입으로 표현되어지는 데에 필요한 에너지나 시간은 숨 한 번 쉬는 정도 이상의 것이 아님을 필자는 확실히 느낍니다. 우선 자기 가족들에게 표현되어지면 좋았을 감사들이 표현되어지지 않고 얼마나 묻어둔 상태로 살고 있는지부터 자각하고 가족들 사이에서부터 감사 표현이 무성해야 합니다. 나아가 어떤 사람을 만나면 바로 '내가 이 분에게 감사(혹은 사과) 표현을 했어야 하는데 하지 않고 있는 경우이지는 않는가?' 하고 자문(自問)하는 것을 습관화할 필요가 있습니다.

이것은 중대 덕성의 하나입니다. 필자는 만나왔던 사람을 다시 또 만날 때는 그 자문을 대체로 하고 사는 편인데, 그 결과 '아하!' 하고 사과나 감사할 것이 떠올라 감사 표현이나 사과 표현을 하고 나면 무언가 한 건 올리는 것 같아 행복해 하는 경우가 많습니다. 하루 세 끼 식사는 꼭 하듯 감사는 명상으로까지 생활화될 필요가 있습니다.

자기 자신에 대해서, 가족들에 대해서, 친지나 이웃들에 대해서, 세상 사람들에 대해서, 부모와 조상들에 대해서, 가정에 있는 다양한 가구들에 대해서, 인연되는 동물, 식물, 무생물 등의 것들에 대해서, 공기와 물을 위시한 대자연에 대해서, 무한한 우주 속에 존재하는 유형무형의 온 존재에 대해서 감사함을 느끼고 표현함이라! 기막힌 행복감을 온 피부로 느끼면서 감사를 읊조립니다.

마음의 뜰 조경하기

좌우지간, 마음이라는 뜰은 자신이 선택한 것으로 채워짐으로써
그 사람의 인생이 결정됩니다. 지옥을 선택하면 내 마음은 지옥이 되고,
천국을 선택하면 내 마음은 천국이 됩니다. 무엇을 선택하고 싶은가요?

어떠십니까, 여러분? 평소에 마음에 대해서 어느 정도 관심이 있으십니까? 지극히 평화로운, 지극히 행복하고 해탈한 마음이시고 싶으십니까?

여러분이 만일 이 글을 사경하는 마음가짐으로 음미하신다면 지극한 마음의 경지를 경험하실 수 있을 것입니다.

우선 마음이라는 뜰을 만족스럽게 조경하려면 그 뜰이 어떻게 생겼는가를 살펴볼 필요가 있습니다. 마음이라는 뜰은 우선 세 가지 구성으로 되어 있습니다. 불교 입문 초년생만 면하면 누구나 익히 아시겠지만 마음은 안이비설신의(眼耳鼻舌身意)라는 육근(六根)과 색성향미촉법(色聲香味觸法)이라는 육경(六境)과 안식(眼識)으로부터 의식(意識)까지의 육식(六識)으로 되어 있습니다. 이 근(根)과 경(境)과 식(識)

이 항상 어우러지는데, 이 어우러짐이 삼사(三事: 根境識) 화합, 혹은 촉(觸)입니다. 촉의 순간에 수(受:느낌)가 바로 따라 일어나게 됩니다.

즉 요약하면 근과 경과 식이 어우러짐(촉)을 인(因)으로 해서 수(느낌)라는 과(果)를 받는 것이 마음의 역사요, 인생인 것이지요? 인생이 행복지향이라면 수(受:느낌) 좋음을 지향하는 것이 인생이지요. 수(느낌)가 좋으려면 수의 조건이 되는 촉이 좋아야 할 것입니다. 가능하다면 촉의 내용이 무위법(無爲法)이라면 그만이겠지요.

여기까지 딱딱한 이론 같습니다만 요약하면, "좋은 것을 마음에 떠올리면 행복하다."는 것입니다. 여러분은 어떤 경(境: 객, 대상)을 떠올릴 때 행복하십니까? 돈, 명예, 권력, 여자, 남자, 지식, 건강, 깨달음, 바둑, 술, 마약 등등 무수한 경의 가능성이 여러분 앞에 요염한 자태로 포즈를 취하고 있습니다. 어떤 대상을 선택하느냐 하는 것이 그 사람의 인생입니다.

선 택 이 인 생 을 결 정 한 다

좌우지간, 마음이라는 뜰은 자신이 선택한 것으로 채워짐으로써 그 사람의 인생이 결정됩니다. 지옥을 선택하면 내 마음은 지옥이 되고, 천국을 선택하면 내 마음은 천국이 됩니다. 무엇을 선택하고 싶은가요? 물론 지옥 쪽은 아니겠지요?

내가 연필을 생각하는 순간, 연필이 내 의식권에서 전경(前景)으로 부각됩니다. 내 마음의 현실태는 연필인 것이지요. 더 정확히 표현하면 내가 연필을 생각하는 순간 나는 바로 연필인 것입니다. 즉, 내가 무엇인가를 떠올리는(선택하는) 순간, 혹은 무엇인가에 끌려가는 순간, 그 '무엇'은 나의 의식공간에 전경으로 채워지면서 나는 그것이 되고 나머지 모든 것은 배경으로 딜려납니다.

그 사람이 무엇이냐(누구냐) 하는 것은 그 사람이 무엇을 주로 전경으로, 즉 경으로 취하고 있느냐입니다. 그 '전경'이 그 사람인 것입니다. 당신은 무엇을 주로 선택하고 살고 있는가요? 『금강경』의 즉비(卽非)나, 무상(無相)이나, 여몽환포영 여로역여전(如夢幻泡影 如露亦如電)을 깊게 유념한다면 더할 나위 없이 좋겠습니다만, 무엇을 선택하든 그 전경이라는 것이 한결같이 무상한 것이어서 어떤 대상을 중요한 것으로 잡는 것(분별, 시비, 집착)은 허망한 것입니다.

무언가를 붙들면 붙드는 업이 쌓이고, 쌓인 업만큼의 고통스런 인과를 받으며 생사를 윤회하는 법. 그런데 우리네 인간들의 삶은 어떤가요? 평생을 무수한 대상(前景, 境, 客)을 잡고 흔드는 주객놀음을 그치지 못하면서 제법 인생인 양 하고들 있지 않습니까? 알고 보면 대체로의 세상 사람들의 삶이 안쓰럽고 위태로운 것입니다. 그래서 성자들은 아공(我空)이다, 법공(法空)이다, 무상(無相)이다, 무상(無常)이다, 범소유상 개시허망(凡所有相 皆是虛妄)이다, 응무소주(應無所住)하라, 무념(無念)하라, 무심(無心)하라, 무주(無住)하라 등등 금쪽같은 촌철(寸鐵)들로 뭇 중생을 달래는 것입니다.

허 공 까 지   내 려 놓 았 을   때

다음의 본론을 위한 서론이 이렇게 길 줄은 몰랐습니다. 실은 다음의 게임을 하려고 이 글을 시작했거든요. 여기에 참으로 기발한 길이 하나 있습니다. 천하에 존재하는 유형무형의 모든 것이 개시허망(皆是虛妄)이라 했으니, 이를 납득하든 못하든 일단 믿어버리고, 주객(主客)의 모든 것을 놓아보는 것입니다.

자, 여러분의 한 손을 들어보세요. 그 손은 당신의 한 손이자, 천하에 존재하는 유형무형의 모든 것을 상징합니다. 자, 손이 보입니까? 그 손에 '분별-시비-집착' 하는 정도만큼 안으로 괴로움을, 밖으로 전쟁을 빚어냅니다. 그러니 그 손에서 자유로워져야 해탈과 평화가 구현됩니다.

자, 이어서 손을 치워보세요. 무엇이 보입니까? 허공이지요? 이때 당신의 대상(對象: 境, 前景)은 허공입니다.

자, 또 이어서 허공을 치워보세요? 무엇이 남습니까?

마지막 있을 수 있는 허공까지 치웠을 때(都放下) 아마 무정의 목석과 같은 상태는 아닐 터, 무엇이 있습니까? '오-하!' 하는 일물(一物)일 것입니다. 맛이 없기로는 맹물일 것이요, 좋기로는 우주적일 것입니다. 의식의 원단(原緞)이요, 실존적인 본성입니다.

아공(我空)이니 안으로 갈 곳이 없고, 법공(法空)이니 밖으로 또한 갈 곳이 없으니, 그 일물로 존재하는 일이 한가한 도인의 할 일 전부일 것입니다. 이 상태의 마음을 체(體)로 하여 여몽환(如夢幻)의 일터로 나가니 바로 보살도입니다.

허공까지 방하(放下)했을 때 무엇이 남습니까? '아하!' 하는 소식이 있으시면 용타관(龍陀關)을 노크하십시오.

추백 (追白)

걸림 없이 산다.
무엇이든 행하되 흔적이 없다.
기러기 허공을 나르나 자취가 없다.
시월의 한국의 가을, 차-ㅁ 좋다.
갈 곳은 없는데 여행을 하고 싶다.

오대(五大) 악성(惡性) 받기

언어의 나눔을 얼마나 잘 해내느냐 하는 것이 사실상 인간관계를
성공시키느냐 못하느냐를 거의 결정합니다. 사람과 함께할 때 나의 마음을
잘 표현하고 상대방의 마음을 잘 받는다는 것, 중요한 것이지 않겠습니까?

생활 수행의 하나로 인간관계에 있어서의 언어의 나눔은 8 정도의 정어(正語) 차원에서 대단히 중요합니다. 모든 나눔이 주고받기이지만 언어의 나눔도 주고받기입니다. 우리는 무수한 인간관계를 가지며 무수한 언어의 나눔을 갖습니다. 언어의 나눔을 얼마나 잘 해내느냐 하는 것이 사실상 인간관계를 성공시키느냐 못하느냐를 거의 결정합니다. 사람과 함께할 때 나의 마음을 잘 표현하고 상대방의 마음을 잘 받는다는 것, 중요한 것이지 않겠습니까?

나눔이란 서로 사이가 더 좋아지자고 하는 것인데 나눔을 하면서 사이가 더 나빠지는 예를 우리는 많이 경험할 수 있습니다. 이 글에서는 자기의 마음을 잘 표현하는 것이나 상대방의 마음을

잘 받아주는 것을 논의하지 않고 아주 나쁘게 받아주는 경우 몇 가지를 논의하려고 합니다. 필자는 다른 사람과 마음을 나눌 때 다음의 다섯 가지 정도를 악성(惡性) 받기라 여기면서 그 악성 받기를 범하지 않으려고 유념합니다.

잘 들 어 라

사람을 대하여 언어적으로 주거니 받거니 하면서 마음을 잘 교류하려면 상대방의 말에 깊게 귀를 기울여야 할 것입니다. 잘 듣는 일(傾聽)을 소홀히 함으로 해서 오는 악폐(惡弊)는 일파만파(一波萬波) 적지 않습니다. 다섯 가지 바람직하지 않는 나눔 유형 중 그 첫째가 '불경청(不傾聽)'입니다. '사오정 받기'라고도 하는데, 상대방이 이야기하고 있을 때 잘 경청하지 않고 자기 생각을 하거나 딴전을 피우는 것입니다.

불경청 태도가 익어 있는 사람은 많은 경우 남이 이야기할 때, 듣는 데 마음이 있는 것이 아니라 자기가 표현할 것을 준비하는 경우가 많습니다. 이런 불경청 태도로는 인간관계를 성공시키기 어려울 것임은 누구나 수긍할 것입니다. 사람이 무엇인가를 표현할 때에는 표현 속에 들어있는 생각이나 감정이 이해되고 공감 받기를 바라는 심리가 전제됩니다. 그런데 이미 듣지 않음이니 관계 형성 자체가 되지 않겠지요.

둘째는 '한풀이'입니다. 상대방의 표현을 잘 들었다 하더라도 자기가 표현하고 싶은 에너지가 강하다 보면 받아주는 듯 마는 듯하고 자기 이야기를 장황하게 늘어놓는 상황을 연출하고 맙니다. 상대방의 이야기에 담긴 중요도가 7이면 7의 정성을 기울여 받아주기를 하는 것이 나눔 순리입니다. 상대방이 시누이 시집살이의 어려움을 5분 간 이야기했는데, "그랬는가? 참 안타깝구먼." 하는 정도로 받아주고 난 다음 자기는 50분을 자기 시어머니 악담을 늘어놓는다면 오죽했으면 그러고 있겠는가 하고 이해 못할 것은 없겠으나 지성(知性)어린 대화라고는 볼 수 없을 것입니다.

제 대 로 충 고 하 라

셋째는 '충고(忠告)'입니다. 필자 스스로도 무수히 범해 온 대화패턴이기도 합니다만 참으로 많은 사람에게 충고식 대화가 습관적으로 익어 있음을 관찰할 수 있습니다. 마음을 표현하는 상대방이

지식 수준이나 교양 수준이 낮을 수도 있고, 나보다는 사리(事理)에 대한 판단력이 밝지 못할 수 있는 상황은 얼마든지 있을 수 있습니다.

그러므로 그 상대방의 이야기를 듣다보면 한 수 일러주고 싶은 국면이 있을 수 있지요. 그 때 자연스럽게 충고식 표현이 될 수 있습니다. 충고를 절대 해서는 안 된다는 것은 아닙니다. 오직 받아들여지지 않는 충고를 하는 것은 지양해야 한다는 것입니다.

충고를 잘 하게 되는 것은 충고하는 자가 지혜로워서나 혹은 자비스러운 마음이어서가 아니고 대체로는 상대방에 대한 깊은 이해나 공감이 약한 가난한 마음이거나 내지는 세상에 대한 공격 심리가 많기 때문에 일어나는 현상입니다. 충고하는 심리적 배경을 고려하고, 특히 충고 받고 기분 좋아하는 사람이 적다는 것을 고려한다면 충고하는 역할에 보다 깨어있게 될 것입니다.

그 대 로   받 아 들 이 라

넷째는 '일반화(一般化)'입니다. 세상에는 흉사도 많지만 경사도 많습니다. 경사가 있을 때 자기의 경사스런 일을 자랑하여 나누고 싶은 심리가 있기 마련입니다. 상대방이 "내 아들이 이번에 C대학에 들어가서 온 가족이 기뻐하고 있다."라고 표현했을 때, "아 그랬습니까? 축하합니다." 정도로 충분히 받아줄 수 있는데 괜한 한마디를 덧붙임으로써 작품을 버리게 됩니다.

"…그런데 길동 씨 아들도 C대학에 들어갔고 홍순 씨 딸도 C대학에 들어갔다고 합니다."라고 일반화시켜버리는 표현을 덧붙임으로써 아들 대학 입학으로 기뻐하고 있는 상대방의 가슴에 찬물을 부어줄 필요가 없겠지요. 사람은 대체로 남보다 더 특수하기를 바라는 심리가 있는 법입니다.

다섯째는 '비교'입니다. 위 넷째의 경우보다 강도가 높은 악성 받기입니다. "아, 아드님이 C대학을 들어갔군요. 축하합니다." 정도면 좋은데 그 경사스런 일을 일반화시킴으로써 기쁨을 가시게 하는 표현이나, "아드님이 C대학을 들어갔군요. 그런데 내 친구 아들은 A대학(최고 명문대)에 들어갔다고 합디다." 식으로 말해서 원수가 될 필요는 없겠지요.

다른 사람과 마음을 나누는 자리라면 상대방의 표현을 잘 듣는 것은 당연한 일인데 잘 듣지를 않는다, 상대방이 표현을 하면 그 표현에 담긴 메시지에 마음을 기울여 이해하고 공감하는 일은 당연한데 자기 것 표현하기에 급급해 한다, 사람을 접하면 99개의 장점이 쉽게 잡혀질 수 있는데 1개의 단점을 걸고 충고를 한다, 상대방에게 경사가 있다면 축하하는 것은 당연한 관계순리인데 배앓이를 한다 등등의 미성숙한 역할들이 사소한 듯하지만 큰 앙금을 불러옵니다.

8정도(八正道)의 정어(正語) 차원에서 사람들이 흔히 범하기 쉬운 사소한 듯한 악성 표현 몇 가지를 살펴보았습니다만, '8정도-육바라밀'의 덕성 하나하나가 우리 생활 수행인의 엄정한 삶의 지침이 되어 법향 그윽한 인품으로 영글어들어야 할 것입니다.

언어의 나눔을 얼마나 잘 해내느냐 하는 것이 사실상 인간관계를
성공시키느냐 못하느냐를 거의 결정합니다. 사람과 함께할 때 나의 마음을 잘 표현하고
상대방의 마음을 잘 받는다는 것, 중요한 것이지 않겠습니까?

무한에의 편승

평생 살아오면서 백만 번을 '나, 나, 나' 하면서 다져온 업을 언제 또
백만 번을 '나 없다, 나 없다, 나 없다' 하여 정화할 것인지 난감하게
여길 것입니다만 길은 있습니다.

생자필멸(生者必滅)입니다. '난 자(生者)'는 반드시 죽는다는 말
입니다. 세상에 존재하는 모든 것은 일단 난 자이니 언제인가는
사라집니다. 존재하는 것들은 대체로 자신의 존재가 사라짐을 그
냥 하나의 순리로 잘 받아들이는 듯합니다. 사람은 제(除)하고 말입
니다. 이 지상에서 오직 사람만이 세상의 순리를 잘 받아들이지
않는 편입니다. 인간은 자칭하여 '만물의 영장'이라고 하지만 한
그루의 나무나 돌멩이만도 못한 경우가 많습니다. 그것이 한두 가
지이리요마는 죽기를 싫어한다는 사실에서 그 극명한 예를 볼 수
있습니다.

사람은 거개가 '진시왕 심리'를 가지고 있습니다. 즉 늙고 병
들고 죽는 일을 꺼린다는 말입니다. 내 도반의 어머니는 위암으로

나이 60에 세상을 떴는데, 죽기 며칠 전, 아들의 옷을 잡고 울면서, "나 3년만 더 살다가 죽게 해다오." 하며 아우성쳤다는 소리를 듣고 느낀 바가 컸습니다. 어찌 그것이 한두 예리요마는 좌우지간 사람은 대체로 생자필멸의 당연한 순리를 받아들임에 어려움을 겪습니다.

'진시왕 심리'를 가지고 있는 한 다가오는 죽음에 대한 고뇌(苦惱)에서 벗어날 길이 없습니다. 절대적인 한계상황(?)인 죽음에서 벗어나 영원히 사는 길은 없을까요? 있지요. 우리들의 스승이신 석가모니를 위시한 뭇 조사님들이 바로 그 증인들이지 않습니까!

죽 음 은   초 연 해 야   할   상 황

사실, 죽음이라는 한계상황은 '사실의 문제가 아니고 태도의 문제'입니다. 이것을 깨닫는 것이 무한으로 통하는 관건이지요. 즉 죽음이란 '면해야 할 상황'이 아니고, '초연해야 할 상황'인 것입니다. 면할 수는 없으나 초연할 수는 있는 것입니다. 진시왕은 죽음을 면하려고 했을 뿐 초연의 길을 몰랐습니다. 종교의 역사는 죽음에 대해 초연해질 수 있는 다양한 방편을 개발해 왔습니다.

아마 그 중에서 가장 믿음직한 방편 하나는 '무한(無限)에의 편승(便乘)'이지 않을까 합니다.

광주에서 서울을 가는데 걸어서 간다면 700시간 걸릴 것을, 비행기에 편승한다면 30분이면 갑니다. 비행기라는 간단한 도구를 코앞에 두고 그 활용을 피한다는 것은 어리석은 일이지요. 여기에 A방, B방, C방이 있습니다. A방에 들어가면 10년을 살 수 있고, B방에 들어가면 100년을 삽니다. 그런데 C방에 들어가면 무한히 삽니다. 어느 방에 들어가기를 원하십니까? 선택은 자유입니다. 무한한 삶을 원한다면 C방을 선택하면 됩니다. 바로 무한에의 편승입니다.

백년도 지탱 못하는 육체인 줄 뻔히 알면서, 그것에 '나(我)'라는 꼬리표를 달고 평생 공들여 매달려 있다는 것은 어리석은 일입니다. 막연하게 '나! 나!' 하면서 애지중지 집착하는 정도만큼 큰 절망의 나락이 기다리고 있다는 것은 누구나 압니다. 그 '나'라는 것의 실상(實相)을 바로 깨달을 필요가 있습니다.

'나'라고 할 만한 것은 없다

우리가 '나'라고 할 때는 몸과 마음[心身]을 의미합니다. 그 몸과 그 마음을 잘 관찰해 보면 '나'라는 것의 연기(緣起)성을 깨달을 수 있습니다. 몸이란 아버지의 정자 하나에 어머니의 난자 하나가 합해진 것이요, 거기에 어머니가 먹은 밥[米], 김치[菜]가 더해진 것에 불과합니다. 즉 정란미채(精卵米菜)에 지나지 않습니다. 고전적으로 표현하면 지수화풍(地水火風)의 가합(假合)에 불과한 것이지요.

마음이라 하는 것도 조금만 살펴보면 느낌, 생각, 의지, 인식 곧 수상행식(受想行識의 가합)에 불과합니다. 즉 '나'라는 것이 지수화풍, 수상행식 등이 연기적으로 가합되어진 존재에 불과하니, 지수화풍, 수상행식 등의 어느 것에서도 '나'라고 할 만한 것이 없음을 깨닫고 막연하게 '나, 나' 하면서 '나'에 집착하던 마음을 벗어나게 됩니다. '나'라는 유한(有限)의 선박(船舶)을 버리고 '나 없음[無我]'이라는 무한의 선박에 편승하는 것입니다.

곧, 정체성(正體性) 문제입니다. '나'의 정체를 유한적인 것으로 보느냐, 아니면 무한적인 것으로 보느냐 입니다. '나'를 유한적으로 묶어놓고 괴로움을 살 것이냐, 무한적인 것으로 열어놓고 해탈을 살 것이냐 물을 때, 누가 괴로움과 전쟁을 끌어오는 유한의 정체성을 선택하겠습니까? 그러나 해탈과 평화를 끌어오는 정체성을 선택하는 것도 단순한 것은 아닙니다. 어떤 깨달음이 전제되지 않는 한 그렇게 쉬운 일이 아니지요. '나, 나' 하던 그 '나'를 바르게 관찰하여 그것이 연기적으로 존재하므로 그 참 모습은 공(空)하여 '나'라고 할 만한 것이 없다는 것을 깨달아야 유한적인 정체성을 벗어나 무한적인 정체성을 정립할 수 있는 것입니다.

'나'로 익어진 업의 정화(淨化)

연기의 이치를 깨닫고 무한의 정체성을 정립했다고 해도, 유한의 자아(自我) 정체성으로 살던 습관성 때문에 실생활에서는 무수히 다시 자아적인 탐진치를 잘 벗어나지 못합니다. 정작 무한의 해탈을 원한다면 원하는 정도만큼 공을 들여야 합니다.

'나'라는 생각이나 말을 만 번 했으면 '나 없다'라는 생각이나 말을 만 번 해야 '나'로 익어진 업을 정화(淨化)할 수 있습니다. 평생 살아오면서 백만 번을 '나, 나, 나' 하면서 다져온 업을 언제 또 백만 번을 '나 없다, 나 없다, 나 없다' 하여 정화할 것인지 난감하게 여길 것입니다만 길은 있습니다.

깊은 명상 상태에서는 딱 한 번만 '나 없다!' 해버리면 무량

겁 동안 쌓아온 자아업(自我業)일지라도 소탕되는 법이니 말입니다. 여기에 입정(入定)의 위력적인 공덕이 있습니다. 즉 깊은 알파파(α波) 상태인 고요한 정(定) 속에서 연기고공(緣起故空:연기이므로 공함) 등을 정사유(正思惟)하여 '나라고 할 만한 자아가 없구나!' 하고 느끼곤 하는 것입니다. 그 결과 지금까지 스스로를 유한적인 자아로, 이기적인 주체로 여기던 심리가 점점 사라지고 초아(超我)적인 중중연기적 대아(大我) 의식으로 전환하게 됩니다.

혹여 이러한 관법(觀法)이 너무 복잡하게 느껴질 수도 있습니다만 이 정도를 복잡하게 느낀다는 것은 수행을 너무 쉽게 여기는 얌체 심리입니다. 그러나 굳이 더 간단한 길을 원한다면 '이 뭣고' 화두나 단순한 주력 같은 길을 택해도 된다고 봅니다만, 불교의 원천이 되는 4성제(四聖諦), 12연기, 8정도(八正道)를 정사유하는 것을 복잡하게 여긴다는 것은 너무 심한 단순병이라고 봅니다. 인간에게 연기법과 같은 이치를 이성적으로 사유할 수 있는 지성이 있다는 것은 진정 다행이 아닐 수 없습니다.

불교의 이중진리

불교 속에 모순으로 들리는 거의 모든 이중진리는,
하나는 현실 차원의 고제 갈파요, 다른 하나는 그 고제를 해결하기 위한
대응 차원으로 내놓은 방편론인 도제 갈파입니다.

고등학교 교편을 잡고 있을 때 한 제자 아이로부터 다소 충격적인 질문을 받았습니다.

"선생님, 슈바이처가 말하기를, 불교는 이중진리(二重眞理)의 모순을 극복하지 못한다고 하는데, 선생님께서는 어떻게 극복하고 계십니까?"

슈바이처가 말하는 불교가 극복하지 못하고 있다는 이중진리란, '중생을 제도한다'라는 말씀이 있는가 하면 '제도할 중생이란 없다'라는 식의 말씀, 혹은 '탐진치는 번뇌이다'라는 말씀이 있는가 하면 '번뇌즉보리(煩惱卽菩提)이다'라는 식의 말씀, 혹은 평생 팔만대장경을 설하신 부처님께서 열반 무렵에 '나는 한 마디도 설한 바 없다'라고 하신 말씀, 혹은 '중생과 부처는 차별이 없다'라

고 하신 말씀, 혹은 '성불하라' 하신 다음 '이대로 부처다'라고 하신 말씀, 혹은 '육도윤회와 제법무아' 등의 말씀에 있어서 앞뒤 문장이 서로 논리적으로 모순된다는 것입니다.

질문한 그 학생의 슈바이처의 말씀 인용이 제대로 된 것이라면 슈바이처의 불교 이해 수준이 낮다고 봐야 합니다. 그러나 불교 자체가 지니고 있는 모순 구조로 들리는 표현들은 불교를 다소 심도 있게 이해하려고 하는 분들에게는 불교인이든 아니든 간에 적지 않은 과제로 고심하게 될 것입니다. 불조의 말씀들 사이에 모순처럼 들려지는 말씀들이 어떤 식으로든 통합되지 않는다면 불편할 것임은 당연합니다.

단순한 불교인은 그러한 말씀들을 듣고 잊어버리고, 잊었다가 듣고 하면서 별로 심각함 없이 마음 편하게 살아갈 것입니다. 이렇게 마음 편한 분에게는 이 글이 도리어 없는 혹을 붙여주는 격이 될지 모른다는 노파심도 있지만 이상과 같은 모순⑦ 논리가 머리에 무게로 있는 분에게는 적지 않은 과제가 될 것입니다.

불교의 이중진리,
어떻게 회통될 수 있을 것인가?

모순으로 들리는 불교의 이중진리의 표현들은 필자에게도 한동안 마음속에 부담스러운 짐으로 함께 했던 소중한 과제였습니다. '모든 것은 공(空)하다', 혹은 '본래 청정이다' 해놓고 다시, '제도한다'는 논리가 어떻게 성립할 수 있을까? '우리는 모두 부처다'라고 선언한 자리에 '부처가 된다'는 명제가 어떤 논리로 모순 없이 회통될 수 있을 것인가?

"나는 무엇이 되어야 하느냐?"고 사미가 선사에게 묻습니다. "부처가 되어야 한다."고 선사는 대답합니다. 다시 사미는 "부처라는 것이 무엇이냐?"고 묻습니다. "바로 너다."라고 선사는 대답합니다. 사미는 어리둥절할 수밖에 없습니다. 그러나 선사는 두 번 다 제대로 말한 것입니다. 그 문답은 공안(公案) 속에 듬직한, 신비가 감도는 분위기를 풍기지만 사실은 베일에 싸인 화두(話頭)적 비경이 아니고, 이론이성(理論理性)의 범주 속에 드는 간단한 논리인 것입니다.

중생인 사미가 고통 속에 있어서 당위론적인 측면에서 본 사미의 모습은 고통이 사라진 부처가 되어야 합니다. 분명히 성불해야 할 존재임에 틀림없습니다. 이것은 고제(苦諦)입니다. '어떻게 고통이 사라진 부처가 될 것인가' 하는 답을 찾는 과정에 '사미가 이미 그대로 부처'라는 사실을 인식함으로써 사미는 고통에서 벗어납니다. 이것은 도제(道諦)입니다. 불교 속에 모순으로 들리는 거의 모든 이중진리는, 하나는 현실 차원의 고제 갈파요, 다른 하나는 그 고제를 해결하기 위한 대응 차원으로 내놓은 방편론인 도제 갈파입니다. 즉 한 상황에 공존하고 있는 속제(俗諦)와 진제(眞諦)의 두 차원입니다.

윤회(輪廻)와 무아(無我) 역시 모순으로 들리는 이중진리입니다. '무아인데 무엇이 윤회한단 말이냐' 식의 의문이 따릅니다. 그런데 윤회를 하면서 고통을 당하고 있는 것은 실존적인 사실이요, 자아를 존재론적으로 정사유(正思惟)해 보면 무아라는 것이 철학적인 한 사실로 드러납니다. 전자는 현실적인 고제(苦諦) 갈파요, 후자는 방편론인 도제(道諦) 갈파인 것입니다. 즉 윤회를 하면서 고통 받던 자아가 무아라는 사실을 철학적으로 깨달은 나머지 윤회의 고통에서 풀려납니다.

여러 해 전 어느 불교학자가 "불교의 무아사상은 부정할 수 없을 터, 윤회론은 힌두이즘이 유입되어 불교인 것처럼 불교의 거리를 횡행하고 있는 것 같습니다."라고 하여, "윤회하는 그 자가 무아요, 공이지 않겠습니까?"라고 말해 주었더니, 3일쯤 후에 다시 오시어 삼배를 하면서 "감사합니다. 스님의 간단한 한 말씀에

여러 해 동안 모순으로만 여겨지던 윤회사상과 무아사상이 회통
되었습니다."라고 한 일이 있습니다.

중생이 중생을 벗어나 부처가 되려면

중생과 부처에 차이가 있겠는가, 없겠는가?
아들과 아버지 사이에 차이가 있겠는가, 없겠는가?
물론 차이가 있습니다. 그러나 차이가 있다는 관점만을 고수하는
한 아들은 아이의 정체성에서 벗어나기 어렵습니다. 사물을 바라
봄에 어찌 한 관점만 있겠습니까. 아들을 아이의 정체성에서 벗
어나 세상에 당당한 사나이로 살게 하려면 아들에게 세월이 지나
면 아들도 아버지와 같은 당당한 어른이 되는 것이니 아버지와
다를 바가 없다는 인식, 아버지가 남성이듯 아들도 남성이라는
인식을 시켜 아들로 하여금 사나이 정체성을 깨우치도록 도와야
할 것입니다.

　그와 같이 중생이 중생을 벗어나 부처가 되려면 부처될 가능
성이 있다는 것, 부처와 다른 부분이 있다고 해도 0.0001%가 다를

뿐, 99.9999%가 같다는 것, 나아가 알고 보면 진주가 흙탕물 속에 있다고 해도 진주 자체는 100% 순수한 진주이듯 불성이 탐진치라는 그늘에 가려 있다고 해도 불성 자체는 부처의 불성이나 중생의 불성이나 100% 같다는 것, 더 나아가 번뇌즉보리(煩惱卽菩提)이니 더 말할 나위가 없음을 깨달을 때 중생의 탈을 벗고 부처가 될 것 아니겠습니까?

어떤 법리(法理)든지, 그것이 속제(俗諦)든 진제(眞諦)든, 모든 차원과 관점들에 걸림이 없을 때 효과적인 수행이 될 것임은 당연하지요. 차원자재(次元自在)나 관점자재(觀點自在) 등의 안목이 열리면 경전의 말씀이나 세상의 많은 것들이 걸림 없이 수용될 것이라는 것을 귀띔해 봅니다.

'아들이 시험에 낙방한 것이 전부가 아니다. (즉비) 내 아들은 시험 여하와는 상관없이 내 아들로서 너무 귀하고 소중하며, 너무도 긍정적인 점이 많다. 시험은 또 도전해 가면 될 뿐이요, 그렇지 않더라도 내 아들이 살아갈 길은 무한히 열려 있다.' 라고 생각함으로써 아들의 시험 낙방이라는 사실로부터 초연해집니다. 그것이 즉비의 삶입니다.

인류에게 바치는 한 마디의 말

금과옥조로 여기는 연기법도 그것이 진리이기 때문에 의미가 있는 것이
아니고 고통 받는 중생들의 고통을 줄이고 즐거움을 증장시켜 주는
방편이 되기 때문에 의미가 있는 것입니다.

세상에는 좋은 말씀이 많습니다. 부처님의 경전에, 기독교의
바이블에, 공자, 맹자, 노자, 장자, 소크라테스로부터 칸트, 헤겔
에 이르는 철학에, 임어당과 토인비 등등의 무수한 말씀들, 말씀
들….

연기 (緣起) 의 도리를 깨달으라

여러분이 "전 인류에게 딱! 한마디 말씀을 해달라."는 청을 들었
다면 무슨 말씀 한마디를 하시겠습니까? 우리 절 신도들이 발행

하는 회보에, 어떤 신문사 주필로부터 서두의 이 질문을 받으신 청화(清華) 대선사께서는 '연기(緣起)의 도리를 깨달을 것'이라고 답하셨다고 합니다.

순간 필자는 신선한 충격으로 아찔한 현기증을 일으켰습니다. 불교 공부 일주일 정도 되는 이라면 누구나 지식으로 지니고 있는, 불교의 기초 법어였기 때문입니다. 불교인이라면 그 말씀이 당연하게 들릴지 모릅니다. 그러나 어떤 말씀이 얼마만큼 인격화되었는가를 고려한다면 큰스님의 그 한마디는 법계를 진동하는 범종 소리와 같은 중량의 말씀이리라는 것을 간과해서는 안 됩니다.

여러분께서는 어떻게 생각하십니까? 청화 대선사께서 인류를 향한 유일한 한마디를 해달라는 자리에 불자들에게는 기초상식이라 할 만한 '연기'를 들고 나오신 깊은 뜻이 무엇일까요? 조용히 음미해 볼 필요가 있겠습니다.

석가모니 부처님께서 보리수하에서 큰 깨달음을 얻으셨는데 그 깨달음의 내용이란 단적으로 표현하면 연기의 이치가 그 핵입니다. 간단히 그 연원을 살펴 본다면, 어린 시절의 고타마 싯다르타(석가모니 부처님의 어릴 적 이름)는 사람이 죽는다는 사실을 받아들일 수 없었습니다. 이 문제를 해결하기 위해 끝내는 입산 출가를 단행하기에 이르고, 죽는 주체인 '나'라는 존재를 사유한 결과 존재하는 모든 것은 연기의 이치에 의해 존재한다는 것을 깨닫게 됨으로써 마음에 나부끼던 모든 고뇌가 사라져 붓다가 되셨습니다.

수긍이 되십니까? 나는 한동안 연기의 이치를 깨닫고 붓다가 되었다는 말이 얼른 수긍이 되지 않던 시절이 있었습니다. 이유는 깊은 사색[正思惟]의 결여 때문이었습니다. 청화 큰스님께서 세상에 주는 단 한마디의 말씀으로 연기의 도리를 깨달으라고 하신 것을 조금이라도 납득하려면 연기에 대해 깊은 사색을 해 봐야 합니다.

연기법이라는 불교 단어는 불교를 대변할 정도로 중량감이 있는 말이라는 것을 익히 알고 있을 것입니다. 연기법이 어떤 의미를 지니고 있기에 불교를 대변한다 할 수 있고, 전 인류에게 한마디의 가르침을 내린다면 '연기의 이치' 라고까지 하였을까요?

연 기 , 존 재 의 법 칙

연기란 인연생기[因緣生起]를 줄여서 하는 말입니다. 존재하는 것들의 존재법칙이 인연생기인 것입니다. 존재하는 것들은 무엇이나 독립된 실체로 존재하는 것이 아니라 다른 존재와 관계를 가짐으로써만 존재할 수 있습니다. 내가 존재함에 부모와의 관계, 부모의 부모, 부모의 부모의 부모들과의 관계, 그 주변 사람들과의 관계, 공기, 물과의 관계, 지구의 중력과의 관계, 태양계·은하계들의 질서와의 관계가 없이 존재할 수 있겠습니까?

이러히 정사유(正思惟)의 사색을 은밀히 밀고 들어가면, 참으로 세상에 존재하는 무수한 모든 것들이 서로 서로 존재의 근거가 되어줌으로써 존재한다는 것을 수긍할 수 있고, 수긍이 되어지는 정도만큼 어떤 한 자아, 한 개체에 힘을 주던 에너지 집중이 쉬어집니다. 그리하면 자아라는 실체 의식이 사라져가면서 무아감(無我感), 해탈감(解脫感)을 느껴 가게 되고, 어떤 자아, 어떤 실체가 사라져가는 대신 전체가 어우러진 한 유기체, 한 생명처럼 느껴져 동체대비(同體大悲)의 마음이 우러나오는 것입니다.

석가모니의 연기파지(緣起把持)는 느슨한 사색 정도의 과정을 통해 일어나는 것이 아니고, 보리수의 대각 이전에 명득정(明得定) - 명증정(明增定) - 인순정(印順定) - 무간정(無間定) - 초선정(初禪定) - 이선정(二禪定) - 삼선정(三禪定) - 사선정(四禪定) - 공처정(空處定) - 식처정(識處定) - 무소유처정(無所有處定) - 비상비비상처정(非想非非想處定)이라는 고도의 선정력으로 인한, 명경지수와 같은 마음 상태에서의 직관적 정사유를 통해 얻어낸 명상물일 것이니 어떠하겠습니까?

연기의 이치를 명상하라

부처님의 대각의 내용이요, 청화 대선사께서 전 인류를 향한 딱 한마디의 말씀으로 거론하신 연기의 이치! 필자는 '해공십조(解空十條)'라는 제목 하에 불교의 공(空)의 이치를 이해하는 23개의 논지 체계를 정리하여 전하고 있습니다.

23개의 해공 논지 체계 중 첫 번째로 연기고공(緣起故空)을 들고 있는데, 해공십조 중 연기고공의 파일을 끌어온다면, "모든 존재하는 것들은 인연에 의해 존재하므로 공하다. 존재하는 것들은 그 어느 것이나 다른 것들과 인연을 맺음으로써만 존재할 수 있다면 존재 그 자체를 실체라 할 수 없다."이거니와, 연기의 이치를 수용함에 있어서 정사유의 정도에 따라 다양한 측면의 해설을 들을 수 있겠지만, 필자의 경우 체험으로 비추어보아 연기의 이치를 명상(正思惟)해 볼수록 자아가 사라져감으로써 해탈감이 증장함을 알 수 있고, 동체대비감이 증장됨과 아울러 전체 세상에 대한 책임감이 증장되며, 책임감어린 삶이 살아짐을 느낄 수 있습니다. 즉 연기법은 최소한 해탈과 자비를 이끌어내는 원리입니다.

연기법은 이미 불교의 기초 가르침이라는 선을 넘어서서, 과학가(科學家)의 상식으로 자리해감으로써 세상 사람의 일반적인 가치관이 되어가고 있으니 다행한 일이 아닐 수 없습니다. 오직 유감인 것은 깊게 사유하지 않고 적당히 이해하고 적당히 논의하면서 연기법을 알고 있는 양 여기는 점입니다.

연기라는 이치를, 해탈-자비-자재의 인격을 이끌어내는 도구로 강력하게 명상하고 활용하기만 한다면 보리수 하의 석존의 살림이나 20세기 말미에 천하에 내리신 청화 대선사의 의중을 다소는 점두하게 될 것입니다.

한마디 췌언(贅言)을 붙입니다. 불교라는 이름 아래 전개되는 모든 가르침은 중생의 이고득락(離苦得樂)을 위한 방편(方便, 수단, 도구)이 될 때 의미가 있습니다. 금과옥조로 여기는 연기법도 그것이 진리이기 때문에 의미가 있는 것이 아니고 고통 받는 중생들의 고통을 줄이고 즐거움을 증장시켜 주는 방편이 되기 때문에 의미가 있는 것입니다. 법상응사 하황비법(法尙應捨 何況非法)이 기억나시지요?

요즈음 행복하시지요?

진아나 유일신을 떠올리면서 상당히 높은 수준의 행복감을 느끼며 사는 것이
하나의 큰 지복(祉福)인 것은 틀림없습니다. 그런데 그 관념물이 아무리
좋더라도 그것을 통하여 어떤 좋음을 얻는다면 그것은 끝내 하나의
의존(依存)이요, 스스로 오케이(OK)인 홀로서기는 아니지 않을까 합니다.

요즈음 행복하시지요?

전화가 왔습니다. 미국 여행 중에 어느 공원에서 만난 한국인 아주머니입니다. 외국 여행 중에 만났던 사람을 귀국한 다음에 문득 만난다면 한결 더 반가운 감이 더할 것입니다. 그런 반가운 마음으로 만나게 된 아주머니인데 전화가 온 것입니다.

"안녕하세요, 모모 아주머니, 요즈음 행복하시지요?"

"예, 좋습니다."

이런 식으로 시작한 전화 대화가 "무엇으로 행복하세요? 대체로 가장 행복하다 하는 순간에는 무엇으로 행복하곤 합니까?"라는 질문이 나와도 되는 분위기가 되었지요.

여러분들에게도 같은 질문을 올립니다. "무엇으로 행복하신

가요? 대체로 가장 행복하다 하는 순간에는 무엇으로 행복하곤 하신가요?” 그 모모님은 잠시 무언가를 찾는 듯하더니 “제 속에 있는 신(神)과 대화하는 순간이 대체로 가장 행복한 것 같아요.”라고 대답해 왔습니다.

필자는 이고득락(離苦得樂)을 지양하는 불교인이요, 특히 오랜 세월 행복프로그램으로 세상 사람을 돕고 있는 터이다 보니 사람들을 접하면 행복하실까, 행복하시다면 무엇으로 행복하실까, 좀 더 제대로 행복하려면 무위(無爲)의 소식을 접해야 할 터인데 저 분은 어떠실까 하는 등의 관심이 가곤 하지요. 그런 관심이 많은지라 위의 대화는 좀 더 발전적으로 이어진 것입니다.

“자신 속의 신과 대화라, 아마 기독교인이신가 보죠?”

“아닙니다. 종교는 없습니다. 신이라 하는 것은 제가 제 속에서 상상하는, 어떤 신성(神聖)하고 완벽한 무엇이죠. 언제인가부터 제 속에 길들여진, 나와 나 자신과의 대화입니다.”

“이해할 것 같습니다. 나도 언제인가 그런 식의 내적 대화를 다소는 경험했던 것 같습니다. 그 대화를 하고 있을 때 대체로 가장 행복하다는 말씀이시군요?”

“그렇습니다.”

나는 문득 힌두이즘의 아트만과 브라마가 떠올랐습니다. 사람은 대체로 그냥 행복한 것이 아니고 무언가를 의지함으로써 행복합니다. 탄생으로부터 죽음에 이를 때까지 행복을 위해 의지(依持)하는 것들은 유형(有形)적인 것으로부터 무형(無形)적인 것까지 가히 무수합니다. 나는 그 의지(依持)를 의존(依存)이라고 바꾸어 표현하면서 문제를 삼습니다. 즉 의지, 의존을 통한 행복은 스스로 행복함이 아니지요. 즉 무엇인가가 있어야만 행복한 것이라면, 그 무엇인가가 없으면 행복할 수 없다는 뜻입니다. 나는 그 모모님에게 말씀드렸습니다.

"참, 좋습니다. 많은 철학자, 많은 종교인이 유형(有形)적인 가치의 무상(無常)성을 자각하고 무형(無形)적인 가치를 추구하는 과정에 그런 관념적인 세계를 개척하면서 다양한 행복을 열어갑니다. 그 무형 가치로 가장 발달된 작품이라 여길 수 있는 것은, 안으로는 진아(眞我: Atman) 사상, 밖으로는 유일신(唯一神: Got) 사상 같은 것들입니다. 진아나 유일신을 떠올리면서 상당히 높은 수준의 행복감을 느끼며 사는 것이 하나의 큰 지복(至福)인 것은 틀림없습니다. 나의 경우도 진아(眞我)나 유일신(唯一神)은 아니지만 다양한 관념물(觀念物)로 상당히 지고한 행복을 느끼기도 하기 때문에, 모모님의 그러한 의식 과정을 통하여 느끼는 행복에 공감합니다. 큰 박수도 쳐드리고 싶습니다. 그런데 그 관념물이 아무리 좋더라도 그것을 통하여 어떤 좋음을 얻는다면 그것은 끝내 하나의 의존(依存)이요, 스스로 오케이(OK)인 홀로서기는 아니지 않을까 합니다. 무엇인가에 의존하는 심리 상태는 텅 빈 허공과 같은 마음에 무언가를 만들어 놓고 그것을 즐기는 것이니, 그냥 텅 빈 허공 자체만으로 존재하는 재미는 얻을 수 없는 것입니다.

일생일대의 횡재를 얻는 법

이에 하나의 권장 사항이 있습니다. 모모님이 안으로 그 무엇인가와 대화를 나누는 순간이 대체로 제일 행복하다고 하셨는데, 그 일을 가끔은 하시더라도, 그 내적 대화의 대상이 되는 '그 무엇'을 놓아보세요. 그 놓음을 불교에서는 방하(放下), 혹은 도방하(都放下)라고 합니다. 불교에서는, 정확히는 불교의 일각(一角)에서는 방하라고 하는 행위를 궁극적인 행위로 여깁니다. 나의 경우 불교를 만나서 가장 감사히 여기는 것이 바로 방하의 길입니다. 방하를 통해 얻어지는 것이 무엇과도 바꿀 수 없는 지복(至福)이라는 것을 체험하곤 하니까요.”

이 말이 떨어지는 순간 그 모모님은 “아~!, 아~!”를 몇 차례 하시더니, “감사합니다. 감사합니다. 무언가 오고 있습니다.” 하는 거예요. “좋군요. 무언가 오고 있는 그것에 좀 더, 좀 더 유념해 보는 시간을 가져 보세요. 그 무엇과 대화를 나누면서 누리던 행복보다는 한 수 다른, 그러나 질적으로 차원이 다른 무엇을 느끼신다면 나로서는 모모님에게서 얻어낼 수 있는 최고의 선물을 받은 바가 되겠습니다.”라는 식의 답을 주고 전화를 끊었습니다. 나는 그분의 “아!~!, 아~!”가 일생일대의 횡재와 같은 소식으로 이어질지도 모른다는 희망으로 기뻤습니다.

같은 맥락의 이야기를 『육조단경(六祖壇經)』에서 들을 수 있습니다. 스승으로부터 법(法)을 받은 육조 혜능(慧能) 선사께서 최초로 법을 설한 대상은, 당신을 해치려고 뒤쫓아 온 혜명(惠明)이라는 스님이었습니다. 혜명 스님은 혜능 스님으로부터 풍겨 나오는 법의 카리스마에 눌려 해치려는 마음이 사라지고 법을 청합니다.

혜능 스님은 “마음을 잘 비우고 잘 들으시오.”라고 말씀하시고 나서, “선(善)도 생각하지 않고 악(惡)도 생각하지 않을 때, 당신의 본마음은 어떠합니까〔不思善 不思惡, 正與麼時 那箇是明上座 本來面目〕?”라고 묻습니다. 혜명 스님은 그 물음이 떨어지자마자 큰 깨달음을 얻게 됩니다〔言下大悟!〕.

깨달음은 신비(神秘)가 아닙니다. 중생이면 누구나 지니고 있는 마음 자체가 깨달음의 밭이요, 그 마음이 분별시비(分別是非)를 거두고 마음 자체로 있을 때 깨달음은 현전(現前)하는 것입니다. 지금 이 글을 읽고 계시는 여러분이 바로, 지금, 선도 방하하고 악도 방하해 보세요. 마음에 그 무엇도 두지 말고 다 방하해 보세요. '아하!'가 되시는 분은 그 '아하!'의 정도만큼 혜명 스님의 경계를 바로 감득(感得)하실 것으로 믿습니다.

'나'라는 것이 지수화풍, 수상행식 등이 연기적으로 가합되어진 존재에 불과하니,
지수화풍, 수상행식 등의 어느 것에서도 '나'라고 할 만한 것이 없음을 깨닫고 막연하게 '나, 나' 하면서
'나'에 집착하던 마음을 벗어나게 됩니다. '나'라는 유한(有限)의 선박(船舶)을 버리고
'나 없음〔無我〕'이라는 무한의 선박에 편승하는 것입니다.

포장도 선물이다

나의 메시지를 보낼 때는 내용도 선(善)이요, 형식도 선(善)이 되게 하려고
유념합니다. 남으로부터 메시지를 받을 때에는 설혹 그 형식이
좋지 않더라도 그 내용을 부도내지 않으려고 노력합니다.

세상에 존재하는 것들은 무엇이나 존재 내용과 존재 형식을 지니고 있습니다. 존재 자체는 가치론적으로 무기(無記)이지만, 사람의 욕구와 연관될 때에는 가치론적으로 인지되면서 그 존재의 내용이나 형식이 보다 선(善)이기를 기대하게 됩니다.

예컨대 여기에 사과가 담긴 상자 하나가 선물로 들어왔다면, 이 선물은 사과라는 내용물과 나무 상자라는 형식물로 되어 있습니다. 선물을 받는 자의 마음에 사과나 사과를 싼 상자에 아무 의미를 두고 있지 않는다면 몰라도, 대체로 내용물인 사과가 보다 양질(良質)의 것일 때나 그 형식물인 포장 상자가 미학적으로 보다 아름답고 보다 정성스럽게 손질되어 있을 때 더 기뻐하고 더 고마워합니다.

그리고 내용은 똑같이 베풀고 사는 것이 바람직하다고 말하는 것인데, "그래, 베푼다는 것은 좋은 일이겠지."라는 말은 받아들임에 순조롭겠지만, "자네는 인색한 것이 탈이야, 제발 베풀고 살도록 하게."라는 말은 받아들임에 순조롭지 않을 수 있습니다.

말은 내용도 중요하지만 형식도 중요하다

이 글에서 보다 핵심적으로 드러내고자 하는 것은 사람 사이에 오고 가는 '말'에 대한 내용과 형식으로서, 그 말의 '내용'은 당연히 중요하겠지만 그 내용을 담는 '형식'이 내용 이상으로 중요할 수 있다는 점입니다. 그 형식이 문제가 된다는 것을 현실 세계에서 무수히 경험할 수 있습니다.

"말 한마디 잘못 하면 생명을 잃을 수도 있다." 혹은 "말 한마디 잘 하면 천 냥 빚도 갚을 수 있다." 혹은 "같은 말이라도 아 다르고 어 다르다."라는 속담이 드러내고자 하는 것은 바로 그 말의 형식이 어떠한지에 따라 큰 희비가 엇갈린다는 것입니다.

사람 사이에 말이 오고 감으로 해서 일어나는 일은 참으로 천태만상의 것들입니다. 부처님의 8대 실천 덕목에 정어(正語)라는 것이 있다는 것은 불교 초심자라도 아는 사실입니다. 이 정어야말로 바로 그 내용과 형식이 모두 좋은 말을 의미합니다.

말은 그 자체로 중대한 생활 수행이요, 나아가 수행의 중대 조건이 됩니다. 부처님께서 아라한 제자가 60명이 되어, 그들에게 4성제, 12연기, 8정도라는 내용의 메시지를 세상에 전하라고 명하실 때(포교선언), '처음도, 중간도, 끝도 이로정연(理路整然)하게 잘…'이라는 단서를 붙이셨습니다. 포교선언은 역시 내용도 중요하지만 형식도 중요하다는 것을 뜻함을 잘 알 수 있습니다.

아무튼 말이란 '어떻게' 전해지느냐에 따라 잘 먹힐 수도 있고 잘 안 먹힐 수도 있습니다. 진정, 인간관계에서 언어의 교류는 제일 중요한 영역입니다. 인간관계에서 일어나는 많은 갈등이 말을 효과적으로 엮지 못하는 데에 있다는 것을 도처에서 이야기하고 있습니다. 의사소통 기법을 강조하는 것은 바로 말의 형식이 중요하다는 것을 뜻합니다. 세상 부부들 사이에 일어나고 있는 이혼사태도 부부 사이에 의사소통 기법이 허술함에 있다고들 말합니다. 어떤 통계 자료에 의하면 이혼의 95% 이유가 의사소통 기법이 좋지 않음에 있다는 것입니다.

내용과 형식을 갖추어 말하라

흔히 내용이 더 중요하고, 그것을 담아 나르는 형식은 덜 중요한 것처럼 여길 수가 있습니다. "예(禮)의 마음은 없는데 예절만 좋으면 무엇 하느냐.", "말만 번듯하지 속은 시커먼 사람이야." 식입니다. 필자의 경우도 그러했습니다. 그러나 근래에 도리어 내용보다는 형식이 훨씬 중요할 수 있다는 것을 자각하고 있습니다. 물론 경우에 따르는 일이기는 하겠으나….

필자의 경우, 나의 메시지가 주변 사람들에게 잘 전달되지 않는 이유에 대해 "말하는 분위기(형식)가 좋지 않기 때문일 수 있다."고 충고하는 이가 있을 때는, "설혹 그렇더라도 분위기 좋게 하는 것은 나의 일이지만, 그 내용을 부도 내지 않는 것은 듣는 이의 일 아니겠는가." 하고 당당했던 나의 과거를 은근히 돌아봅니다. 형식은 내용 이상의 내용일 수 있다는 것, 선물을 받을 때 내용물은 취하고 포장지는 휴지통으로 간다고 해도 정성스럽게 싼 포장지까지 합하여 소중한 선물이라는 것을 거듭 음기해 봅니다.

말의 내용은 일단 단순하지만 그 내용을 담는 형식은 대단히 복합적입니다. "여보게, 나에게 돈 좀 빌려 주겠나?"라는 메시지에서 내용은 필요한 돈을 빌려 받고자 하는 것이 전부이지만, 그것을 감싸고 있는 형식 속에는 욕심, 분노, 속임수, 평가, 미움, 감사, 심각성, 시험, 아쉬움, 비굴, 초조, 단호함 등등의 마음이 들어 있는 법입니다. 진정 분노에 찬 메시지, 서운함에 찬 메시지, 심각함에 찬 메시지, 엄격함에 찬 메시지 등을 지양(止揚)하리라고 결심합니다. 귀한 말씀을 전하는 마당에 말씀이 박대를 당하고 말씀이 전쟁으로까지 비화하는 것은 그 말씀을 담는 포장지가 아름답지 않음 때문이라는 것을 자각하는 데에, 그토록 긴 세월이 필요했는가 할 정도로 요즈음 그 부분을 깊게 느끼고 있습니다.

이 언저리에서 우리는 어떤 마음가짐을 정리해 두는 것이 좋을 것 같습니다. 나와 너 사이에 메시지는 가기도 하고 오기도 합니다. 필자는 나의 메시지를 보낼 때는 내용도 선(善)이요, 형식도 선(善)이 되게 하려고 유념합니다. 남으로부터 메시지를 받을 때에는 설혹 그 형식이 좋지 않더라도 그 내용을 부도내지 않으려고 노력합니다. 메시지를 보낼 때의 원칙과 받을 때의 원칙을 다르게 하는 것도 지혜의 하나입니다. '보낼 때는 내용물도 포장지도 좋게, 받을 때는 포장지는 안 좋더라도 내용물을 귀히 받음'이라는 원칙을 갖는 것입니다.

사실, 표현의 편의상 내용이니 형식이니 할 뿐이지 어찌 내용과 형식이 선천적으로 있겠습니까. 주고받음에 복합적인 여러 측면을 고려하여 그 주고받음이 지극한 선(善)이 되게 함이 있을 뿐입니다.

병으로 인한 고통을
수용하는 마음공부

진정 유념해야 할 것은 아무 저항을 하지 않고, 눈앞에 있는 소나무를
아무 평가 없이 그대로 바라보며, '응, 소나무 한 그루가 있구나.' 하듯
그냥 '응, 이러한 질과 양의 허리 아픔이 진행되고 있군.' 하고 그대로 느껴주는
것입니다. 할 수만 있다면 그 진행되는 아픔을 음미하고 즐기는 것입니다.

나는 요즈음 요통으로 시달리고 있습니다. 이 적지 않게 불편한 요통을 느끼면서 세상 많은 사람의 신체적 고통을 떠올리게 됩니다. 사람이 살다 보면 다양한 신체적인 고통을 당하게 되어 있습니다. 운 좋게 별 고통 없이 살다가 적당한 나이에 숨을 거두게 된다면 그것은 복 중의 복일 것입니다. 그러나 대체로는 신체적인 앓음을 겪는 것이 사람입니다. 앓고 있는 1,000명의 사람을 대상으로 "신체적인 고통이 진행될 때 어떤 식으로 대응하는가?"를 물어본다면 어떻게들 대답할 것인가 궁금하기도 합니다.

여러분은 어떠하십니까? 생로병사(生老病死)는 피할 수 없는 순리입니다. 요절해버린다거나 비명에 가지 않는 한, 늙은 다음에 가는 사람에게 병고는 피할 수 없습니다. 죽음을 잘 수용할 수 있

는 마음공부가 필요하듯, 병으로 인한 고통을 수용하는 마음공부는 진정 누구에게나 필요합니다. 경계수용(境界受容)은 도위(道位)의 중대 척도입니다. 아마 경계수용 중 신체적인 고통이라는 경계를 수용하는 일이 제일 어려울 것입니다.

아 픔 을   음 미 하 라

필자가 운영하는 수련장에서는 '해인7관'이라는 수련법이 있는데, 그 중 제1, 제2, 제3의 관법을 가지고 자신의 모든 현실을 수용하도록 권장합니다. 현실이란 다양한 모습으로 우리 앞에 다가옵니다. 아마 현실 중 가장 심각한 현실은 신체적인 병으로 인한 고통의 현실일 것입니다. 요즈음의 나와 함께하고 있는 요통은 나의 한 공부거리입니다. 어떻게 공부를 할까 궁금하실 것입니다.

　　여러 독자들에게 어떤 도움이 될 수 있으리라 여기므로 내가 대응하고 있는 고통공부를 소개해보겠습니다. 물론 몸이 아프면 그에 상응하는 처방을 해야 할 것임은 당연합니다. 여기서 말하고자 하는 것은, 병고에 대응하는 행동은 다양한 방법으로 해야 할 것이지만 병고에 대한 심리적 대응은 어떻게 할 것인가를 논하고

자 하는 것입니다.

최우선적으로 가져야 할 마음가짐은 수관(受觀)입니다. 즉 현실을 그대로 느껴주는 것입니다. 나의 경우 중대한 현실 하나가 요통이니 이 허리의 아픔을 그대로 느끼는 것입니다. 제일 금물은 저항입니다. 저항은 화살이 몸에 박혀 있는 고통 속에 있는데, 또 하나의 화살을 몸에 더 박는 격입니다.

현명하지 못한 사람들은 현재 처하여 있는 현실을 그대로 수용하지 못하고 제2, 제3, 제4의 저항에너지로 현실을 저항합니다. 허리의 고통이 진행되면, '아니 요통이 또 왔네!' 혹은 '우리 부모의 유전자는 어떠하기에 이 모양일까?' 혹은 이마에 기와집을 짓고 주변 사람에게 화를 내면서 못살게 구는 식의 저항들을 하는 것입니다.

저항은 고통에 아무런 이익이 없습니다. 앓고 있는 병을 심화시키고 치유를 더 어렵게 합니다. 진정 유념해야 할 것은 아무 저항을 하지 않고, 눈앞에 있는 소나무를 아무 평가 없이 그대로 바라보며, '응, 소나무 한 그루가 있구나.' 하듯 그냥 '응, 이러한 질과 양의 허리 아픔이 진행되고 있군.' 하고 그대로 느껴주는 것입니다. 할 수만 있다면 그 진행되는 아픔을 음미하고 즐기는 것입니다.

오직 감사할 뿐

이어서 인과관(因果觀)입니다. 즉 '이 현실이라는 과(果)는 과거 언제인가 내 스스로 심은 인(因)의 결과로 다가온 당연한 인과이니, 달게 수용할 일이야' 하고 정사유(正思惟)하는 것입니다.

여기에 과거의 미성숙한 나의 행위가 오죽했겠는가를 돌아보면서 깊은 참회를 한다면 인과관은 극(極)에 달할 것입니다. 인과관이 수관에 보태짐으로써 수관은 보다 온전해집니다.

끝으로 지족관(知足觀)입니다. 지족이란 만족됨을 아는 것, 곧 현실을 감사하는 것입니다. 이 요통이 이보다 얼마든지 더 심할 수도 있는데 이 정도인 것만 해도 진정 감사할 일이요, 허리에 고통이 있을 뿐, 팔다리는 건강하고, 머리도 건강하고, 위장·소장·대장 등 몸의 99%가 두루 건강하니 감사할 뿐이라는 것은 명명백백합니다. 인과관에 이어 지족관이 지원되면 수관은 보다 잘 되어져 이중 화살을 확연하게 피할 수 있으니, 처방전을 펴더라도 치유 효과는 훨씬 높아질 것이라는 것은 당연합니다.

모든 현실은 그것이 고(苦)이든 낙(樂)이든, 해인7관의 1, 2, 3인 수관, 인과관, 지족관으로 대응한다면 그 사람의 영성 수위는 놀라우리만큼 높아질 것입니다.

상황에 대한 대응책을 가지고 있지 않으면 습관대로 대응하

게 되고, 그 습관은 강화하게 됩니다. 역경계 대응책으로 '~구나
-~겠지-~감사'의 유사(類似) 버전으로 '수관-인과관-지족관'을
귀띔해드렸습니다만 어떤 대응책이든 평소에 유념하고 있다가 상
황에 즉하여 활용함으로써, 습관(업장)적인 늪에서 늘 벗어나곤 해
야 할 것입니다.

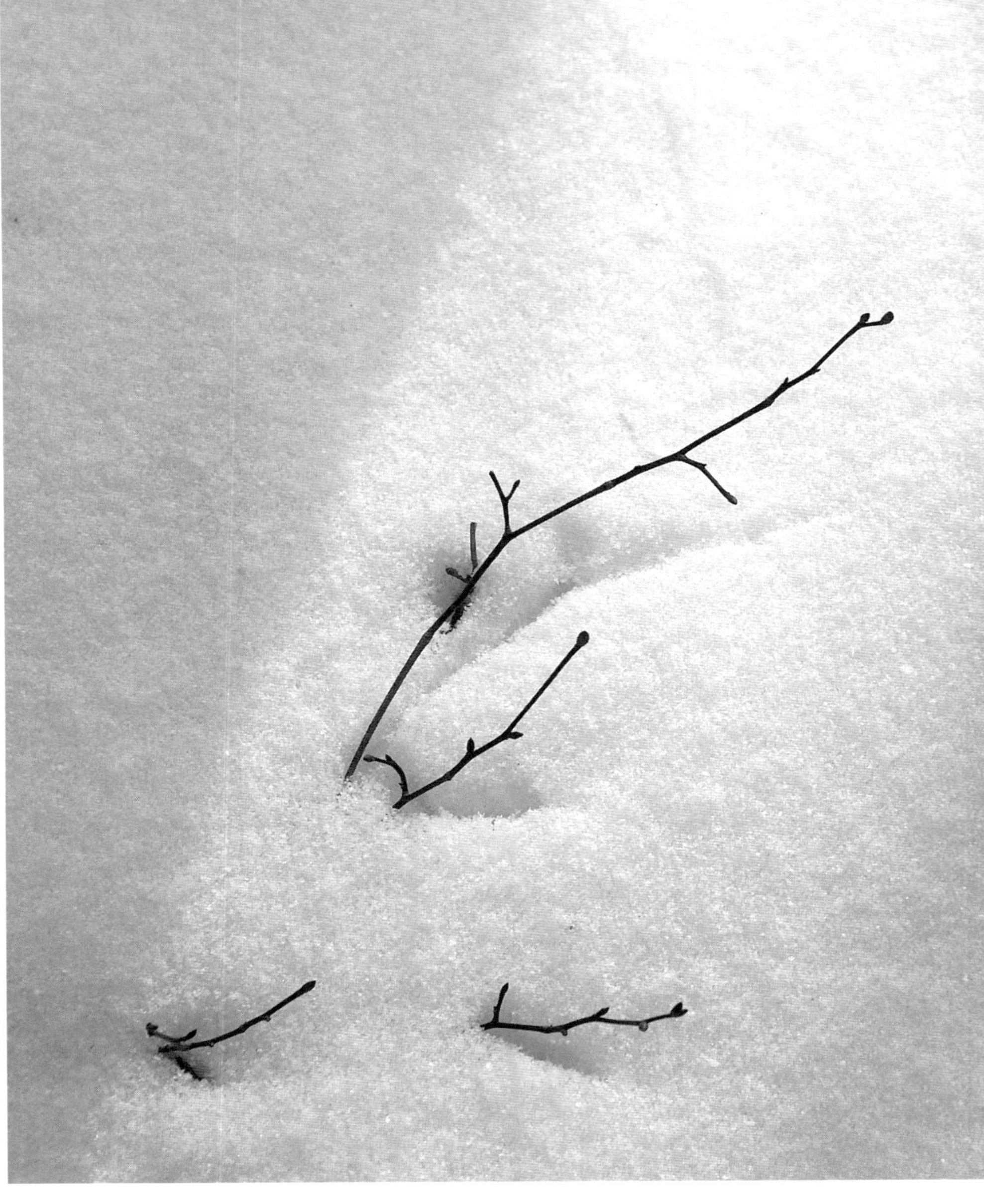

3장

깨달음의
불씨를 · 얻다

공은 색에 즉하고 색은 공에 즉해야 합니다. 진공과 묘유는 서로 즉(即)해야 합니다. 이것을 사상으로만 논의한다면 관념론에 불과합니다. 체험으로 수긍되어야 합니다. 여기까지 잘 따라잡기가 되었다면 깨달음의 불씨를 얻은 셈입니다.

싯다르타의 고민

– 비아관(非我觀) 1

존재하는 모든 것이 다 연기적 구조로 존재합니다. 연기이므로 그 어떤 것도
실체성이 없습니다. 곧 연기이므로 무아(無我: 非我: 空: 실체성이 없음)입니다.
죽고 싶지 않는 나도, 죽어야 하는 나도 없는 것입니다.
사문 싯다르타는 드디어 자아가 사라져 해탈을 증득합니다.
사문 싯다르타의 경사요, 전 중생의 경사입니다.

무아(無我: 空: 非我)는 불교의 빼놓을 수 없는 핵심 가르침 중 하나입니다. 무아를 일단 공(空) 혹은 비아(非我)와 똑같은 개념으로 전제하고 이 글을 씁니다. 불자들이 무아에 대해 많이 이야기는 하고 있는데, 무아적인 삶을 살기 위한 수행은 어떻게 하고 있는지 궁금합니다.

1. 인류의 재앙은 개인적인 고통과 사회적인 싸움이 전부입니다.

2. 이 고통과 싸움의 근본적인 원인은 사람마다 지니고 있는 자아의식입니다.

3. 이 자아의식(자아를 이익의 주체로 여기는 심리)을 벗어나는, 보다 효과적인 길을 범역사적으로 꾸준히 계발해야 합니다.

4. 천하의 고통과 전쟁을 타파하기 위해 불교가 계발한 방편 중 무아관(無我觀), 곧 비아관(非我觀)은 가히 독보적입니다. 즉 무아적인 삶을 살기 위한 수행으로 무아관만한 것이 드물다는 의미입니다.

특히 불자라면 위에 나열한 네 가지를 깊게 정사유(正思惟)하여, 무아 사상이 어떤 위상에 있는가를 확연히 통찰함으로써 무아에 대한 인식을 보다 철저히 해야 합니다. 무아를 관행(觀行)하는 일을 게을리 하지 말아야 할 것이며, 나아가 무아가 인격화된 삶을 살아야 할 것입니다.

그런데 이 지구촌 곳곳의 불교가 있는 곳어서는 어디서나 '무아'라는 개념은 다소 설해지고 있는 셈이지만, 무아를 어떻게 관행(觀行)해서 무아 인격을 이룩할 것인가에 대한 구체적인 길을 제대로 제시하고 있지는 않는 것 같습니다.

필자의 경우, 수련장에서 해공십조(解空十條)라는 제목으로 23가지 방법을 제시하면서 강의와 실습을 통해 무아(無我)를 체득하게 합니다. 이번 기회에 해공십조 중 한두 가지의 길을 여러분에게 제시해 보고자 합니다.

나의 정체는 무엇인가?

고타마 싯다르타는 생로병사라는 인간의 한계상황을 극복하고자 수행자가 되어, 선정을 행법으로 하는 두 스승 알라라 칼라마와 웃다카 라마풋타에게서 사사(師事)하면서 비상비비상처(非想非非想處:상념이 있는 것도 아니고 없는 것도 아닌 삼매의 경지)에 이르셨습니다. 그러나 이내 그것이 길이 아님을 자각하시고, 스승을 떠나 고행림에 들어가 전무후무의 극단적인 고행을 그 극에 달할 때까지 궁행하셨습니다. 그래도 생사 해탈의 길을 얻지 못하여, 결국 스스로를 스승 삼고 보리수 아래 앉았습니다.

이 때 싯다르타 사문은 어떤 수행을 하셨을까 궁금하지 않으십니까? 무엇이나 궁금증이 간절하면 답이 열리는 법입니다. 필자의 경우도 그 궁금증이 제법 무르익었던지 나름대로의 답을 얻어낸 셈이지요. 우리의 큰 스승이 되실 싯다르타 사문은 아마도 "나는 죽기 싫다. 그런데 죽게 되어 있다."라는 모순된 두 명제 사이를 오가며 짧지 않은 세월을 헤매셨을 것입니다.

싯다르타 사문은 가히 무한 중생을 구원할 수 있는 대 발상의 전환을 일으키십니다. 발상의 전환은 억만 사람이 당연하다고 여기는 것에 의문을 던지는 것입니다. 억만의 사람은 '나'에 대해, '몸'과 '마음'이 합해져 있는 한 개체를 떠올리면서 그것을 당연한

‘나’라고 여깁니다. 그런데 싯다르타 사문은 그 당연시 해왔던 ‘나’에 대해 주의를 집중하면서, ‘아, 35년간을 당연시 해 온 이 나의 정체는 무엇인가?’ 하고 묻기에 이른 것입니다.

‘나’는 연기적인 구조로 존재한다

인류 역사상 최초의 철학적인 존재 규명이 시작된 것이라 해도 됩니다. 선정력이 명경지수와 같은 비상비비상처정(非想非非想處定)에 이른 자가 철학적인 질문을 던지고 있습니다. 전광석화와 같은 속도로 답이 보입니다.

연기(緣起)입니다. 막연하게 ‘나, 나’ 하면서 살아온 그 ‘나’는 연기적인 구조로 존재하는 것입니다. 천하를 둘러봅니다. 존재하는 모든 것이 다 연기적 구조로 존재합니다. 연기이므로 그 어떤 것도 실체성이 없습니다. 곧 연기이므로 무아(無我: 非我: 空: 실체성이 없음)입니다. 죽고 싶지 않는 나도, 죽어야 하는 나도 없는 것입니다. 사문 싯다르타는 드디어 자아가 사라져 해탈을 증득합니다. 사문 싯다르타의 경사요, 전 중생의 경사입니다.

그런데 이 경사가 역사적으로 이어져야 하는데 쉽지 않습니다. 석가모니 부처님도 이 깨달음의 전법이 쉽지 않을 것을 예상하시면서 포기하려고까지 한 것입니다. 그러나 상근기(上根機)는 이해할 것이라는 희망을 가지고 녹야원의 초전법륜이 시작되고, 다섯 비구를 해탈시키시고, 야사 등 55인의 젊은이를 해탈시키십니다. 포교 선언을 하십니다. 불교가 오늘에 이릅니다.

21세기가 되었어도 무아를 이해시킨다는 것이 쉽지 않습니다. 그래서 동사섭과 같은 수련장에서, 월간 「불광」과 같은 불교 잡지에서 무아(無我)에 대해 고구정녕히 이해시키는 작업을 해야 합니다.

나, 고통과 전쟁의 뿌리

— 비아관(非我觀) 2

온통 이 세상이 '나'라는 생각의 알갱이로 시작하여, 그 '나'가 이기심의 옷을
켜켜이 입어가면서 안팎으로 무수한 고통과 전쟁의 아수라장을 만듭니다.

이기심의 옷을 켜켜이 입다보면...

무아(無我: 諸法無我)를 논하기 전에 먼저 아(我: 나, 자아, 실아, 실체)의 의미
를 정리할 필요가 있습니다. A를 부정하기 위해서 '非A' 혹은 '無
A'라는 개념을 쓰려면, 그 A의 의미가 무엇인가를 확실히 할 필요
가 있겠지요.

비아(非我) 혹은 무아(無我)의 아(我: 나)란 넓은 의미로는 우리들
사람이 무엇이라고 개념화하여 이르는 모든 것들입니다. 그러나
좁은 뜻으로는 이 몸과 마음이 합해진 한 개체, 곧 우리가 평생
'나, 나'라고 이르는 인무아(人無我)인 나를 뜻합니다. 이 나는 나 이

외의 다른 모든 것과 차별화되는 독립성을 유지하는 존재요, 과거의 나와 현재의 나와 미래의 나가 일치하는(불변하는) 불변성과 지속성을 유지하는 존재라는 것을 전제하고 있습니다.

이처럼 독립성, 불변성, 지속성 등을 속성으로 하는 '나'라는 존재는 삶의 과정에 이기적인 주체로 굳어지게 됩니다. 이기심의 정도에 비례하여 갖은 고통과 전쟁을 빚어내게 됩니다. 온통 이 세상이 '나'라는 생각의 알갱이로 시작하여, 그 '나'가 이기심의 옷을 켜켜이 입어가면서 안팎으로 무수한 고통과 전쟁의 아수라장을 만듭니다. 그래서 이 사바세계를 일러 오탁악세(五濁惡世)니, 말세니, 지옥이니 하면서 일컫게 됩니다.

진리인가, 방편인가

자, 이상의 말씀을 깊게 수긍한다면 우리가 해야 할 일은 고통과 전쟁의 뿌리인 제1원인인 이기심의 뿌리, '나'라는 생각을 척결해야 할 것입니다. '나'라는 생각을 척결하기 위해서 무아관(無我觀: 非我觀, 空觀)을 정사유(正思惟: 觀行)해야 할 터인데, 그 정사유(正思惟)하는 방법을 논하기 전에 비아관(非我觀)을 위한 기초신념을 깊게 유념하는 것이 중요합니다.

첫째, 무아라는 것이 사실이냐 방편이냐 하는 것입니다. 부처님의 모든 말씀은 일단 방편입니다. 많은 불교인이 '부처님의 모든 말씀은 진리이다.'라는 생각에 집착합니다. 이 대목에서 바른 태도 정립을 해야 합니다. 팔만대장경은 팔만 개의 진리 말씀이기 이전에 팔만 개의 방편이라는 것을 확고히 하라는 것입니다.

무아 역시 사실이나 진리이기 이전에 방편입니다. 무슨 말이냐 하면 부처님의 말씀은 진리를 탐구하는 학문이 아니고, 중생의 고통을 벗어나 해탈하는 이고득락(離苦得樂)이 목적의 전부입니다. 진리성 높은 무수한 말씀은 오직 중생의 이고득락을 위한 수단으로 활용된 것입니다. 소똥을 먹고 죽을병이 나았을 때, 소똥은 오직 죽을병이 나은 것에만 의미가 있다는 것입니다.

진리로 보지 않고 방편으로 봄으로써 중대한 공덕이 있습니다. 진리라는 이름의 관념을 의식에 짐으로 짊어지지 않으면서, 방편을 실참실수(實參實修)하여 소기의 목적을 달성하는 것에 의미가 있습니다. 그러므로 정진을 게을리 할 수 없고, 진리 전쟁의 가능성이 적어지면서 서로의 방편을 존중해 주게 되는 것입니다.

둘째, 진리가 아니고 방편이라면 진리성은 의미가 없다고 생각할 수도 있을 것입니다. 그러나 이고득락의 방편을 채택하려고 할 때, 그 방편이 보다 진리적이라면 그 방편을 더 선호할 수 있을 것입니다. 그러므로 가능하다면 보다 합리성 높은 방편을 개발해야 할 것입니다. 고집멸도(苦集滅道)의 4성제(四聖諦)만 보아도 만고의 진리라고 할 만큼 합(合) 이성적이기 때문에, 무수한 불제자들이 그 4성제의 그물에 걸려 들어온 것입니다. 곧 이 글의 중대 소재인 무아(無我)를 방편으로 채택하기 위해서도 아(我)가 무(無)하다는 논지가 보다 확연할수록 좋을 것이니, '이러이러하니 무아이지 않느냐' 하는 합리적인 논리를 전개해야 좋을 것입니다.

셋째, 세상에는 다양한 가치관들이 존재합니다. 그 가치관들이 아무리 같지 않더라도 백화점에 수만 가지로 다른 물건들은 서로 다를 뿐 틀린 것이 아니듯, 그 다양한 가치관들은 서로 틀림이 아니고 다름일 뿐입니다. 틀림이 아니고 다르다는 간단한 한 생각을 지니게 되면 모든 다양한 가치관들은 평화 공존할 수 있습니다. 20~21세기에 이르기까지 진리 전쟁을 한다는 것은 실로 유감이 아닐 수 없습니다.

신은 존재한다와 신은 존재하지 않는다는 견해 중에 어느 것이 옳을까요? 옳고 그름의 문제가 아니고, 서로 다른 가치관일 뿐입니다. 사람에 따라 죽어도 신은 존재할 것같이 믿어지는 사람이 있고, 죽어도 신은 없다고 믿어지는 사람도 있습니다. 유아(有我)냐, 무아(無我)냐 하는 것도 마찬가지입니다. 서로 다른 가치관일 뿐입니다. 오직 선택이 있을 뿐입니다.

이 시대의 문화적인 추세 하나로 다양한 가치관을 존중하는 가치관다원주의를 가진 이들이 많아지고 있는 것으로 압니다. 아주 좋은 현상입니다. 그런데 주의할 것은 가치관다원주의가 가치관무정부주의와 혼동되어서는 안 됩니다. 피안에 건너간다는 믿음 아래 자기 빛깔의 뗏목들이 다양하게 있을 때, 다양한 가치관을 존중하는 가치관다원주의자라 할지라도 자신의 마음에 드는 하나의 뗏목은 선택하여 타고 가야 한다는 말입니다.

이상과 같은 전제하에 우리의 스승이신 여러 불조께서 전해주신 무아의 이치를 이해하고 이를 관행(觀行: 正思惟 등)하도록 하십시다. 다음에는 구체적인 무아관법을 안내해드리겠습니다. 오직 마음 쓰이는 것 하나는 글이 어렵다는 것입니다. 그러나 '그 중요한 불조의 핵심 가르침인 무아에 관한 것 아니냐!' 하는 무게감으로 명상하신다면, 반드시 횡재라고 할 만한 공덕이 따를 것입니다.

마차를 분해시켜 놓으면
마차가 아니듯이... – 비아관(非我觀) 3

'산소+수소'라 생각하고 말할 때는 '물'의 개념이 떠오르지 않듯이
'지-수-화-풍-수-상-행-식'이라 생각하고 말할 때는
이기적인 주체로서의 '나'라는 느낌은 들지 않음을 알 수 있습니다.

비 아 관 (非 我 觀) 실 습

미리 말씀 올립니다만, 이 글 '비아관(非我觀) 3'을 읽으실 분은 앞에 있는 비아관 1·2를 거듭 읽으시는 것이 좋습니다. 이제부터는 비아관(무아관)을 구체적으로 어떻게 하는가를 안내하겠습니다. 앞에 해공십조(解空十條)라는 이름으로 23개의 비아관을 수련장에서 활용하고 있다고 일렀듯이 비아관은 얼마든지 다양하게 접근할 수 있습니다.

우선 분석고공(分析故空, 析空觀) 관법으로 비아관 실습을 해 보기로 합니다. 『나선비구경(那先比丘經)』에 분석고공법이 자세하게 묘사되어 있습니다.

마당에 마차가 있습니다. 나선 비구가 왕에게 묻지요.

"저것은 무엇입니까?"

왕은 "마차입니다."라고 대답합니다.

나선 비구는 "저것은 마차가 아닙니다. 자, 보십시오." 하면서 마차를 여러 개의 부품으로 나누어서 마당에 산재시켜 놓고, "왕이시여, 마당에 있는 것이 마차입니까?" 하고 다시 묻습니다.

왕은 "마차가 아닙니다."라고 대답합니다.

이때 나선 비구는 "이처럼 마차라고 부르던 것을 분해해 보면 마차라고 할 만한 것이 없듯이, '사람'이나, '나선', 또는 '나'라고 하는 것도 '지(地)-수(水)-화(火)-풍(風)-수(受)-상(想)-행(行)-식(識)' 등으로 분석해서 보면 '나'라고 할 만한 것이 없다는 것을 깨달을 수 있습니다."라고 설명합니다.

이때 왕은 뛸 듯이 기뻐하면서 나선 비구를 스승으로 모십니다.

절묘한 가르침이 아닐 수 없습니다. 몸은 지수화풍의 가합(假合: 잠깐 어우러진 것)이요, 마음 역시 수상행식의 가합에 불과한 것인데, 중생은 그것을 귀히 여기며 '나'라고 이름을 붙여놓고 점점 더 욕구의 주체로 느껴갑니다. '나', '나'라고 생각하고 말하는 짓을 하면 할수록 아집이 강화되고 고통과 전쟁은 보다 치열해집니다.

다행히 중생이 스승으로부터 가르침을 받아, '나란 지수화 풍 수상행식에 불과해!' 하고 관조하게 되면, 이렇게 관조하는 밀도가 높아지고 관조의 횟수가 늘어남에 따라 이기심의 주체로 느껴지던 자아감과 아집이 점점 사라지면서 가없는 해탈감을 느끼게 됩니다. 나아가 진정 무한 우주가 중중연기(重重緣起)하는 한 유기체라는 일체감(一體感: 한몸이 되는 느낌)을 느끼게 됩니다. '더 이상 자아를 위한 인생이 아닌 중생의 이고득락(離苦得樂)을 위한 삶을 살리라' 하는 보살 정신이 활구로 체감되어 옴으로써 아라한이 되고 보살이 되고 부처가 되니, 이 비아관은 참으로 부처와 보살을 낳는 모태인 것입니다.

'나'라는 의식을 정화하기 위하여

거듭 언급합니다만, 안으로의 무수한 고통과 밖으로의 무수한 전쟁은 '나', '나' 하면서 만들어진 '아집(我執)'으로부터 나오는 바이니, 이 '아집'에서 벗어나기 위해 그 아(我)를 바르게 인식할 필요가 있습니다. 바르게 인식해 보니 그 '아(我:나)'란 평소 애매하게 익어져 있는 '나'가 아니고 '지-수-화-풍-수-상-행-식'의 가합(假合)

체라는 것을 깨닫게 됩니다. 이에, ‘음, 나란 지-수-화-풍-수-상-행-식이로구나!’를 무수히 음미-반복-관행함으로써 ‘나’라고 할 만한 것이 없음을 깨닫고 미성숙한 자아의식에서 해탈하는 것입니다. 이 관행이 바로 분석고공의 원리를 활용한 비아관(무아관)입니다.

　스스로를 ‘나’라 불러보면 의식적이든 무의식적이든 ‘이기적 주체’로서의 아집이 강화되는 것이지만, 그 ‘나’를 ‘지-수-화-풍-수-상-행-식’이라 생각하면 이기적 주체로 여겨지지 않는다는 것이 절묘한 맥입니다. 이 맥을 붙들고 반복-반복 관행하는 것입니다. ‘산소+수소’라 생각하고 말할 때는 ‘물’의 개념이 떠오르지 않듯이 ‘지-수-화-풍-수-상-행-식’이라 생각하고 말할 때는 이기적인 주체로서의 ‘나’라는 느낌은 들지 않음을 알 수 있습니다.

　‘나’라는 생각이나 말을 천만 번 했다면, 이상과 같은 비아관을 천만 번 해야 ‘나’라는 의식이 정화됩니다. 천만 번을 언제 다 하냐고요? 특별한 묘수가 없습니다. 이기심의 주체가 되는 자아감으로부터 벗어나는 일이라면 천만금을 들여서라도 해내겠다는 결심이 서야 합니다. 그래야 공부인이라 할 수 있습니다. 그리고 묘수가 없는 것은 아닙니다. 보다 깊은 삼매상태에서 비아관을 수행하게 되면, 적은 횟수의 관행으로도 자아의식으로부터 보다 쉽게 벗어날 수 있습니다.

석존의 보리수 아래서의 대각은 바로 비상비비상처(非想非非想處)라는 깊은 삼매 상태에서, 연기고공(緣起故空: 존재하는 모든 것은 연기적으로 생멸하는 것이기 때문에 공하다)의 이치를 단 한번 관조함으로써 완벽하게 자아로부터 해탈하신 것임을 참고하면 좋습니다. 〔싯다르타 수행자께서 수정주의 접근법을 떠났다는 것은 수정(修定: 正定, 禪定)의 길을 버린 것이 아니고, 일단 지양하신 것이며, 대각 성취 후 전법을 하실 때에는 계정혜(戒定慧) 삼학(三學)으로 지양 통합하여, 정정(正定) 혹은 선정바라밀이라는 이름의 불교 필수 수행법으로 정립하여 수행하게 하셨음.〕

90일의 한 결제 기간(90×10=900시간), '나'라고 하는 것을 '지-수-화-풍-수-상-행-식'으로 분석해서 관조하는 일을 정사유(正思惟: 8정도의 제2)적으로 관행(觀行)한다고 상상해 보십시오. 무슨 일이 일어날 것 같지 않습니까? 수행에 있어서만은 석존불교를 깊이 유념할 필요가 있습니다.

●● 추신으로 한 말씀 올립니다. 무아(無我)가 진리이냐, 방편이냐에 대한 논의에 지지(支持)가 잘 안 되는 분이 있다는 말씀을 들었습니다. 너무도 이해가 됩니다. 앞의 '비아관 2'를 더 깊이 음미해 보실 것을 권하며, 『금강경』의 '지아설법 여벌유자(知我說法 如筏喻者) 법상응사 하황비법(法尚應捨 何況非法)'을 정사유해 보시면 좋을 것이요, 『유교경(遺敎經)』의 자등명(自燈明) 내지 법등명(法燈明)도 사유해 보시면 좋을 것이며, 보다 긴 세월을 통해 방편의 의미를 궁구해 보시는 것도 좋을 것입니다.

마음, 생각이 그리는 것

— 비아관(非我觀) 4

지금 내 눈 앞에 보이는 저 모양, 저 색깔, 저 크기의 볼펜이 메뚜기나
고양이나 다른 사람의 눈에도 내가 보는 것과 똑같이 보이는 것이
아니라는 것을 이해한다면, 그 볼펜은 객관적인 사실이 아니고
자신의 주관적인 의식 내용임을 더 선명히 깨달을 수 있을 것입니다.

비아관에 대해 이렇게 여러 차례 쓸 생각이 아니었는데 횟수가 많아지는군요. 비아관은 이번만 쓰겠습니다. 먼저 해공십조 24개 항의 이름이라도 소개하고 염체고공(念體故空) 정도를 간단히 소개하는 정도로 마무리하고자 합니다.

해공십조(解空十條) 24개 항은 연기고공(緣起故空), 방하고공(放下故空), 무상고공(無常故空), 성주괴공(成住壞空), 생멸고공(生滅故空), 불가득공(不可得空), 잔상고공(殘像故空), 가합고공(假合故空), 분석고공(分析故空), 억분일공(億分一空), 입자고공(粒子故空), 파동고공(波動故空), 몽환고공(夢幻故空) 중중연공(重重緣空), 성기고공(性起故空), 자체고공(自體故空), 의근고공(依根故空), 심조고공(心造故空), 염체고공(念體故空), 파근현공

(破根顯空), 미시고공(微視故空), 원시고공(遠視故空), 영시고공(永時故空),
무한고공(無限故空) 등입니다.

어머니, 어머니가 아닌 까닭

앞에서는 해공십조 중 분석고공(分析故空)을 통해 비아관을 관행하
는 법을 나누었습니다만, 이번에는 염체고공(念體故空)을 들어 관행
하는 방법을 명상하려 합니다. 염체(念體)란 감정염체(感情念體)—욕구
염체(欲求念體)—의지염체(意志念體)—신념염체(信念念體)—인상염체(印象念體)
—사실염체(事實念體) 정도로 정리될 수 있는데, 사람의 의식 공간에
있는 다양한 심리형태들을 뜻합니다.

사람이 걸려 넘어지면서 불해탈(不解脫)을 경험하는 것은 염체
들을 사실시(실체시) 하기 때문입니다. 염체고공(念體故空)이란 "사람이
세상을 향하여 존재한다고 여기는 유형·무형의 모든 것들은 실체
로서의 어떤 것이 아니라 결국 그것들을 바라보는 사람 스스로의
마음 내용물(염체)일 뿐이므로 공하다."는 의미입니다. 즉 육근(六根)
의 대상이 되는 육경(六境)이 모두 다 바르게 인식한다면 염체일 뿐
이지요. 얼른 납득이 안 되는 분이 많을 것입니다. 법경(法境)을 염

체라 하는 것은 쉽게 수긍이 되겠지만, 색경(色境)이나 성경(聲境)을 염체라 할 수 있을까 의문이 들 것입니다.

즉 내 눈앞에 계시지 않는 어머니를 떠올릴 때, 떠올려지는 어머니(법경: 인상염체)는 분명 어머니 자체가 아니고 내 생각(기억)의 내용이니 염체라고 쉽게 생각할 수 있습니다. 하지만 눈앞에 계시는 어머니(색경: 사실염체)를 염체라 할 수 있을까 생각될 것입니다. 지금 내 눈앞에 보이는 어머니가 어머니 자체는 분명히 아닙니다. 어머니 자체는 따로 있고, 그 자체가 나의 시각 구조 내지 심리(지정의) 구조를 통과하여 내 의식의 스크린에 떠오른 모습인 어머니인 것입니다.

결론적으로 말하면 어머니 자체는 어떤 수단으로도 알 수 없습니다. 오직 다양한 굴절을 통해 내 의식공간에 그려진 나의 염체로서의 그 무엇을 어머니라고 생각하면서, 그 염체로서의 그것이 밖에 실제로 있다고 느끼는 것이지요. 이러히 어리석게 느끼면서 사는 사람들의 의식체계를 철학에서는 소박실재론(素朴實在論)이라고 하는 것입니다. 소박실재론권에서 벗어나지 못하는 한 '분별-시비-집착-지옥'의 윤회는 벗어날 길이 없습니다.

길은 있는데 걷지 않음이 유감

염체론은 '여몽환포영 여로역여전(如夢幻泡影 如露亦如電: 꿈, 환영, 물거품, 그림자 같고, 또한 이슬과 번개 같다)'과 같은 의미입니다. 존재하는 것들은 무엇이나 바로 보면 꿈과 같고 그림자 같습니다. 꿈과 같고 그림자 같다고 바로 알 때 존재하는 것들에 대한 집착에서 벗어날 수 있듯이, 존재하는 것들을 염체(念體)로 관조할 수만 있다면 집착에서 벗어나는 일은 어렵지 않습니다.

육근(六根)에 비치는 육경(六境)이 다 같은 이야기입니다. 우리가 육근으로 감각하고 지각하는 모든 것은 자신의 근(根)에 의한 현상이요, 표상일 뿐 '그 사물 자체(itself, Ding an sich)'는 아니라는 것을 조금만 사유해 보면 알 수 있습니다. 지금 내 눈 앞에 보이는 저 모양, 저 색깔, 저 크기의 볼펜이 메뚜기나 고양이나 다른 사람의 눈에도 내가 보는 것과 똑같이 보이는 것이 아니라는 것을 이해한다면, 그 볼펜은 객관적인 사실이 아니고 자신의 주관적인 의식 내용임을 더 선명히 깨달을 수 있을 것입니다.

나아가 이러한 이치의 사실을 명상적으로 반복 사유해 갈수록 점점 소박실재론에서 벗어나 사물 자체와 사물 현상의 차별성이 점점 확연하게 인식되고, 나아가 그 현상들이 자신의 '의식 내용(念體)'에 불과하다는 것을 확연하게 인식하게 됩니다. 여기에 이른 사람이라면 현상 곧 염체의 공허함을 점두(수긍)하면서 모든 현상 모든 염체를 놓고(放下), 노력하는 정도만큼 자유로운 삶을 살게 될 것입니다.

자, 다시 한 번 복습을 하겠습니다. 자신의 눈앞에 사과가 하나 있다고 합시다. 그 모양, 그 색깔, 그 크기의 사과가 거기에 있다고 여기신다면, 이는 소박실재론 권에서 벗어나지 못한 것이라고 말씀 올렸습니다. '지금 내 눈앞에 보이는 저 사과는 사과 자체(Itself, Ding an sich)가 아니고, 내 주관적인 감각기관과 지각기관에 의해 걸러진 현상이요 표상일 뿐이야.' '나아가 그 현상, 그 표상은 내 의식공간에 그려진 내 의식의 내용물(염체)이야.'라고 수긍이 되겠지요?

이 관행을 만 번 정도 궁행했다고 상상해 보십시오. 무수히 분별－시비－집착(分別是非執着)하던 과거의 삶이 회심의 미소로 돌아다 보이고 자신의 육근 앞에 전개되는 무수한 색성향미촉법(色聲香味觸法)의 사실 세계가 실체로서 느껴지지 않고 허상(虛像)으로 느껴질 터이니 집착 없는 해탈의 삶은 당연한 귀결로 드러날 것입니다.

불교를 다른 말로 공문(空門)이라고도 합니다. 불교의 기초는 공(空)사상이라고 할 만큼 공은 불교의 대표 개념이지요. 공이 그 정도로 중요하다면 공이야말로 불교인의 삶으로 영글어야 할 것입니다. 불교의 모든 가르침이 다 그러하지만 공사상은 더욱 이해 차원을 넘어서서 관행(觀行)을 통하여 증득(證得: 體得)되어져야 할 것입니다. 실제로 육근에 비쳐 들어오는 모든 존재들이 실체로 느껴지지 않음으로써 모든 존재하는 것들에 집착하는 마음이 사라져 개인적인 해탈과 사회적인 평화가 구현되게 하는 결정적인 도구가 되어야 할 것입니다.

길은 있는데 걷지 않음이 유감일 뿐이라는 말씀에 다시 한 번 힘을 실어 봅니다.

깨달음의 불씨를 얻다

지금 바로 안팎으로 대상(對象)화되는 모든 것을 놓아보세요.
환경, 몸, 다양한 염체, 마음 등 모든 것, 식주체(識主體)까지도 다 놓아본다면
대체로 누구나 다 놓음으로 해서 현전하는 순수의식을 체험하게 됩니다.

전주 화엄불교대학의 요청으로 『육조단경』 강의를 하면서, 혜능 대사께서 천하 중생들에게 안겨주고자 하는 궁극의 메시지가 확연하게 와 닿았습니다. 특히 반가운 것은 그 궁극의 메시지가 내가 운영하는 수련회에서 수련생들에게 쥐어주고자 하는, 최종적인 주제인 돈망(頓忘)과 꼭 같다고 여겨지는 점입니다. 여러 분들에게 이 메시지를 전해 볼까 합니다.

자기 자신을 떠올리다

이 글을 빨리 읽지 말고 아주 천천히 읽어가면서 명상적으로 실험을 바로 해보세요. 자, 눈을 감고 '부처님!' 하고 불러보십시오. 이 때 여러분의 의식은 어디에 머물렀습니까? 3천년 전 석가모니를 떠올리셨든지, 자기가 늘 가는 법당의 불상을 떠올리셨든지 등등 하셨겠지요. 다 좋습니다. 그러나 더 권장하는 답은 자기 자신을 떠올리는 것입니다. 자기 자신 중에서도 몸보다는 마음 쪽, 마음 중에서도 더 본질적인 그 어떤 마음 쪽에 머무르면 좋습니다. 여즉시불(汝卽是佛), 즉심즉불(卽心卽佛), 심외무불(心外無佛)이요, 본성(本性), 성(性)입니다. 이것을 점두(點頭)하는 것입니다.

스스로의 마음을 떠나서 부처가 없다는 것은 불교 초입(初入) 문턱만 들어서면 다 아는 말씀입니다. '마음' 하면 대체로는 압니다. 그런데 보다 본질적인 마음이라야 본성(本性)이요, 성(性)입니다. 본성을 확연하게 잡아야 합니다. 그것이 시작입니다. 본질적인 본성을 파지(把持)하기 위해서는 비본질적인 마음들은 제칠 줄 알아야 합니다. 눈에 보이는 것[色], 귀에 들리는 것[聲], 생각되는 모든 것[法] 등 육경(六境)을 제쳐 보세요. 제친다는 것은 방하(放下)를 의미하며, 주의(注意)를 두지 않음을 의미합니다.

나아가 육근(六根)도 제쳐 보세요. 근(根)과 경(境)을 제쳤을 때 어떤 상태가 체험됩니까?

생각하지 않고 느껴야 합니다. 그 감(感)이 대단히 중요한 맥(脈)입니다. 관념구에 끝나느냐 아니면 활구(活句)로 넘어서느냐의 기로가 바로 그 '감(感)'을 느끼느냐 못 느끼느냐의 사이에 있습니다. 불교인이면 대체로 중대 선입견에 빠져 피해를 입고 있습니다. 그 선입견이란, 무언가 한 소식 하려면 몇 년, 몇 십 년을 수행한 다음이라야 된다는 생각입니다. 구경각을 논하자면 그 생각이 맞지만, 선오(先悟)나 돈오(頓悟)를 위해서는 그 선입견은 부적절합니다.

덕이본 『육조단경』에서 육조 혜능 대사께서 혜명 스님에게 "선(善)도 생각하지 않고 악(惡)도 생각하지 않았을 때의 본래면목(本來面目)이 무엇이냐(不思善不思惡 正與麼時 那箇是明上座 本來面目)?"고 묻자, 혜명 스님은 단박에 '아하!' 하고 그 '어떤 상태'를 깨닫습니다. 선오(先悟)를, 돈오(頓悟)를 일으킨 것입니다. 그 '어떤 상태'가 본성입니다. 이 본성이 뭇 성자의 삶의 핵심이요, 기초입니다.

놓음으로써 순수의식을 체험하다

일체유위법(一切有爲法) 곧 존재하는 모든 것은 여몽환포영(如夢幻泡影)

이요, 여로역여전(如露亦如電)이지 않습니까? 그러니 꿈과 같고 허깨비와 같은 모든 육근(六根)과 육경(六境)을 시비집착(是非執着)하면서 사는 것이 좋겠습니까, 아니면 방하(放下)하는 것이 좋겠습니까? 당연히 후자이겠지요. 그러니 지금 바로 안팎으로 대상(對象)화되는 모든 것을 놓아보세요. 환경, 몸, 다양한 염체, 마음 등 모든 것, 식 주체(識主體)까지도 다 놓아본다면 대체로 누구나 다 놓음으로 해서 현전하는 순수의식을 체험하게 됩니다.

물론 이 체험은 생각이 아니고 느낌입니다. 이 대목이 중요합니다. 가만히 은밀하게 위에서 일러드린 대로 명상을 해 보세요. 그리고 더 나아가 그 순수의식까지 제쳐 보세요. 의식에 집혀지는 모든 것은 다 제치는 것입니다. 무한부정(無限不定)입니다. 즉비(卽非)입니다. 무한 부정에도 불구하고 끝내 드러나기만 하는 것이 있지요. 그것이 묘유(妙有)요, 실상(實相)입니다. 정신을 바짝 차리지 않으면 묘유에도 곰팡이가 생길 수 있습니다. 묘유도 제쳐 보세요. 무한 부정(無限不定)이라는 말을 유념해야 합니다.

무한 부정이요, 무한 즉비(卽非)입니다. 무한 부정의 심리과정에 동전의 양면과 같이 동시에 현전하는 긍정, 그것이 묘유(妙有)요, 실상(實相)이요, 자신의 본성이요, 바로 자성(自性)입니다. 유념할 것은 '즉(卽)함'입니다. 공과 색의 즉함이지요. 공은 색에 즉하고 색은 공에 즉해야 합니다. 진공과 묘유는 서로 즉(卽)해야 합니다. 이것

을 사상으로만 논의한다면 관념론에 불과합니다. 체험으로 수긍
되어야 합니다. 여기까지 잘 따라잡기가 되었다면 깨달음의 불씨
를 얻은 셈입니다. 이제 그 불씨를 놓치지 않도록 살살 부채질을
잘해 가시면 됩니다. 이는 제가 세상 모든 사람들에게 드리는 궁
극의 선물입니다.

10분 해탈 _ 용타 스님의 생활 수행 이야기

지 은 이 용타
2008년 5월 25일 초판 발행
2013년 6월 10일 초판 5쇄

펴 낸 이 박상근(至弘)
주   간 류지호
편   집 오재현, 이기선, 정선경, 천은희
디 자 인 선 연
본문사진 하지권
기획·제작 김명환
홍보마케팅 김대현, 이경화, 한동우
관   리 윤애경

펴 낸 곳 불광출판사
            110-140 서울시 종로구 수송동 46-21 3층
대표전화 02) 420-3200
편 집 부 02) 420-3300
팩시밀리 02) 420-3400

출판등록 제1-183호(1979. 10. 10)

© 용타, 2008
ISBN 978-89-7479-547-4. 03220
값 12,000원

독자의 의견을 기다립니다.
http://www.bulkwang.co.kr

잘못된 책은 바꾸어 드립니다.